不太小的戰爭

不大不小的戰爭 ·2·

國軍散文研究會花蓮知性之旅，參訪光復河底隧道施工現場，由工地主任親自接待。（1980年11月21日）

國軍散文研究會作家們參訪鹿港龍山寺。（1982年2月27日）

國軍散文研究會舉辦淡水訪古探會活動。(1983 年 5 月 8 日)

國軍散文研究會首度舉辦作家送書到前線，計送千本作家的著作。由金防部接待作家們參觀戰地建設成就。 (1984 年 5 月 7 日)

國軍散文研究會作家們參訪草屯國立台灣工藝研究所
（1985 年 6 月 8 日）

國軍散文研究會在台北市聯勤信義俱樂部舉辦
「報導文學座談會」 （1996 年 8 月 25 日）

國軍散文研究會作家知性之旅，參訪三峽祖師廟，並到鶯歌畫陶 （1985 年 6 月 8 日）

國軍散文研究會作家參訪埔里中峰國小 921 大地震災後重建情形，並贈作家們的著作給學校，由張校長代表接受。
（2003 年 3 月 27 日）

散文研究會作家參訪埔里中峰國小 921 大地震災後重建（由慈濟基金會援建）情形。由該校林主任陪同解說。

（2003 年 3 月 27 日）

散文研究作家前往草屯拜訪台灣水墨畫家柯耀東大師。由柯大師親自接待。（2003 年 3 月 27 日）

國軍散文研究會舉辦「北海岸佛教人文參訪活動」。參訪慈濟人文志業中心時，由林錫嘉親自為作家們導覽「日本統治台灣五十年的歷史」（2006 年 3 月 3 日）

散文研究會作家前往宜蘭佛光大學做人文參訪。作家們並贈送著作給佛光大學圖書館。作家們與館長合影於圖書館。（2007 年 6 月 15 日）

不大不小的戰爭

目次

●卷二●日　麗

《不大不小的戰爭》代序

林錫嘉

溫柔敦厚的力量

站在歷史的位置，觀看愈來愈豐厚的文學資產，滿眼郁毓綠山林，起伏的山巒，綠林亦然隨之。

大家讚歎曰：「這山綠的多美！」

對這一座大山來說，每一棵樹都有他的奉獻，他的愛心。高大的樹有一份，矮小的也一樣。同看一片風景，眼前清溪一橫。景就滋潤起我們的心田了，就像一條愛心之溪的文學。這冊散文合集《不大不小的戰爭》，是散文研究會作家們的作品精選；當初輯集作品時，即以作品感人爲主軸，所以這書裡的文章，可以說都是每一位作家從他們的生活中提煉出來的深情。每一滴墨水，都是他們人生裡的一滴血，血有一定的親情濃度。血有一定的生命中的一段精采。許許多多三〇年代的新文學作品，至今仍被傳頌，原因即在此。因之，文學閱讀，作品無關乎「進步」或「落伍」，無關乎新舊，只在其感人而已！

這冊書裡的文章，沒有卡奴驚慌的眼神與吶喊，沒有露肚臍眼的怪異服裝，沒有所謂火柴與燒碳事件，更沒有假民主之名擾亂社會安寧的吆喝……。時代的推進，只是歲月的過程，常常被一些人說成「進步」，是否眞的進步？讓作家他們用眞誠的筆來寫來呈現眞實。

本書部份作者不少是走過四、五〇年代，創作至今。讓我們坐下來，靜靜的用「心」閱讀這本他們筆下的「不久之前的社會生活與人性」，到底是怎麼一個面貌，也體會一下篇章中凝結的生命情感。當今的社會現況眞的有比以前「進步」嗎？他們用文學告訴大家，寫下他們當年的希望與當今的憂慮。

或許，書中只幾十位作家，聲音不夠大，愛的種子撒的不夠廣，種的不夠深，尙不足以推動社會人心；但想一想，慈濟證嚴上人的《靜思語》中，只一句話，即深遠的影響了千千萬萬人，那麼用愛心寫下這些篇章，該也可以在這塊土地上烙印下一些腳印吧！時間愈久愈能散發出一些芬芳。他們溫柔敦厚的情感，無不都是們對當時代的生活經驗和感受，眞摯的反映在他們的作品當中，他們在寫作上的眞心耕耘，也使得他們成爲台灣文學的一部份，成爲融入台灣文學浩瀚大海中的一滴水，一滴永不乾涸的水滴，在陽光下閃耀。

我不知道，集結這一群老中青三代的散文作家的作品，是否可以讓讀者們讀出歲月的軌轍，體會各個年代的情感，因而起了同理之心，領悟在各個年代的更遞中仍存在著一條親睦的脈絡。

在這樣一個五花八門閃閃炫眼的出版年代，我們用樸實無華的文學之筆，以眞情抒寫眞心，出版這本樸拙的散文選集，也僅是自己內心對文章的一份執著而已，並感恩我們走過的時代。

●卷一●

風　和

我愛「崇蘭村」

文　彥

文彥（1920～　）李名李效顏，江蘇銅山人。從事新聞工作及文藝創作近五十年。九十高齡仍筆耕不輟。曾獲第八屆國軍文藝金像獎與報導文學銅像獎、空軍首屆散文金鷹獎與第六屆空軍小說金鷹獎、十五屆國軍文藝金像獎報導文學銀像獎、六十九年青溪文藝小說銅環獎等。

著作有：銀翼生輝、新生、在第一線上的（散文）；大漢魂、香江夢迴（電視劇）等。

我愛「崇蘭村」

文彥

「崇蘭村」位于屏東市北郊約三公里，又名「大鵬里」。她是「礦協」、「忠愛」、「六塊厝」等「新村」乃屬于空軍屏東基地各單位六個眷村之一。共有三百五十戶，人口約有兩千人之衆。佔地約有廿公頃，那是「台糖」應軍方要求提供的。眷村是以「愛國」、「齊家」、「接物」、「立業」…十二條青年守則「忠勇爲愛國之本」、「孝順爲齊家之本」到「強身爲成功之本」而編的巷弄之名，饒有啓迪教育作用，以達到「敦親睦鄰、守望相助」潛移默化之效果。

本眷村成立于民國四十年七月，原住于：佳冬、潮州、高雄碼頭、倉庫、學校的大禮堂的散戶們（都是以鐵絲網交錯，掛著「萬國旗」般的床單，也都各自相鄰、「自成一家」，硬是「一家有羔，百家共沾其苦」）但都「各立門戶」，苦盡甘來，總算有了「小紅瓦」，竹子做爲樑、柱、籬笆、泥牆、面積只有十坪大，集：臥室、餐桌、起居室「三位一體」，總算有了自己的「窠」，大可以放心上班，兒女們安心上學，自己在門前搭個涼棚總可以解決炊事了！大家無不感謝政府的德政，在風雨飄搖中，不致四處流浪，人心惶惶總算在「毋忘在莒」的號召下，一切都欣欣向榮了。

筆者不才，但卻在村民的一致錯愛下，推選爲首任村長，爲了推行眷村初創的村務、在單位政戰人員的指導下，我召集了東、西兩村的里、鄰長（也包括了相鄰的「廣興里」里長，市政府的社會課等單位的主管，共三十餘人，共聚一布棚，以商討眷村、如何興建道路（含下水道））開發新市場、成立幼兒園、興建「民衆康活動中心」、如何處理垃圾，美化環境（那時雖無「環保」的名詞）但「環保」的意識，已在人們的生活中表現出來，大家的醫療保健事務，因爲「人上一百、形形色色」，從大陸上撤退來台的軍、眷，可謂「藏龍臥虎」，一旦身心安頓下來，各項人才，原來的老師、醫療人才、士、農、工、商無不在群居生活中，猶如「雨後春筍」般地「冒」了出來，在各方的關懷，協助下和「自立更生」的自我要求下，各種地方建設，無不「突飛猛進」，誰家不是過著平安而快樂的生活。那時，雖說「物質」文明，不如現在「要啥有啥」的「登峰造極」。但能「安貧樂道」，家家能有「收音機」，尤其「中廣公司」晚上八點鐘的「廣播劇」比起現代每家彩色「電視機」的「收視」（收聽率）則有過之而無不及。每一憶及上個世紀五十年代的生活品質，和現代作一比較，能不感慨萬千，病態百出，早該「體檢、治療了？！」

給我印象最深的是，每逢「春節」來臨，軍民聯歡晚會之前、全「崇蘭村」每戶煮一樣大菜，請來了軍民首長、地方里民代表，來個「千人大會餐」、相互敬酒，「光斛交錯」大家出于至誠，以「國泰民安」爲上下各方所共同奮鬥的目標。以最少、最小的代價，卻取得了「軍民精誠團結」而演出各種才藝，都是「就地取才」出自「本地土產」，那一番「風味」在人心頭的「滋味」，可就永誌難忘了。

父親和老宅

李　冰

李冰（1927～　）本名李志權，山東招遠市人，陸軍官校 23 期。曾任職中學教師、記者、圖書館館長、編輯。早期寫詩，後改寫小說與散文，創作豐碩。曾榮獲國軍第一屆「榮譽金像獎」、台灣省文藝教育獎、「五四」文藝教育獎、鳳邑文藝貢獻獎、全國雜誌資深優異貢獻獎等。

著作有：散文—山水行、島之臉、仙島風情畫、方外山水緣、清風明月心、沙漠人手記、冰屋筆記及小說共 25 部。

父親和老宅

李 冰

我和妻都沒有宗教信仰，但逢年過節，總是把祖宗牌位及亡母的靈位供俸起來，一來表示承襲祖上香火愼終追遠的虔誠，二來讓沒有見過祖父母的孩子們知道根在何處，給他們一種「俎豆千秋」不忘本的機會教育。

「冬至」是故鄉祭祖的節氣，為承襲家傳習俗，這天我也把祖先及母親的靈位供俸起來，這時候突然想起父親，他是屬鼠的，掐算今年已經九十有六了，以人生壽命的常規不可能還活在世上，尤其在那種惡劣的環境中，我很想在母親的靈牌上加上他的名諱，活著未能善盡孝道，死後略盡悼念之心，可是橫思豎想不忍下筆，既未獲逝世耗訊，又何忍心列入亡魂行列，設位供俸！當年母親故後父兼母職，哥哥們被窮困生活逼到遙遠的關外，姊姊亦年少出嫁，家中祇有我和父親相依為命。父親扶犁我牽牲口，父親下廚我灶下引炊，父親對我一改過去嚴肅的面孔，燈下教我讀古文寫毛筆字，事事依著我，把我當成他生命中的一部份，可是每視及母親的靈牌，我都忍不住淚灑衣襟，有時在被窩中哭睡。後來父親為沖淡我念母之痛，託堂兄帶我步入兄長們後塵，遠去關外謀出路，但父親三天兩頭寫信慰勉，甚至不惜水旱跋涉去關外看我，親口勗我做人擇友之道，今天我能堂堂正正站在這個名利紛擾的社會上，不爲人輕蔑，完全得自父親家教的訓誨，而我在成家立業後，雖沒有大福大貴，小康生活卻也使我知足長樂，遺憾的是與父親水天相隔，沒有辦法孝敬他一文錢，希望他長命百歲猶恐不及，又何忍心設位供俸。近年來，很多親友輾轉獲得家鄉親人信息，活者金錢接濟，故者設靈祭悼，而我的父親卻生死不明！窮困流離我從沒感到痛苦，而惟有骨肉親情的割裂，是戰亂給我最慘酷的虐待，這晚，帶著妻和孩子們燒香磕頭後，倒在床上整夜難以成眠，一直想著四十年來未謀面父親的種種。

　　父親是村中惟一在城裏讀過書的人，出名的鄉間「秀才」，村中只要有寫寫畫畫的事兒都會找上他，他也總是有求必應。他不但滿肚子學問，而且寫得一手好字，「會寫字的人，掃帚頭也可以寫。」真的，他用的毛筆都是我用禿的廢筆，但寫出的字還是那麼筆風雄厚，蒼勁有力，過年時我家大門上那付「忠厚傳家，詩書繼世」斗大字的春聯，路過的人都會多看幾眼。他的處世觀是「寬以待人，嚴以律己」，我們和耍伴們打架，他都是好言給人家賠不是，對我們則是「有理三扁擔，無理扁擔三」，尤其對我們那張嚴肅的面孔，惹我們常有種敬鬼神而遠之的念頭。

「你父親是個好父親，他是面惡心善。」

「可是那種銹銅盆臉色惹人生厭！」

「這也難怪，是窮生活把他笑容磨掉的。」

「我們很窮？」因爲在吃穿方面，我並沒感覺到太窮。

「窮在父母身上，沒有在你身上，你看我和你父親吃什麼？穿什麼？哎！這幾年你大哥學手藝滿徒，可以添補點錢，家境總算轉過來。」母親搖搖頭說：「那些年呀！媽好在沒帶你們去沿戶討飯……」

「哪劈伯他們怎那樣錢？」

「這就要怪你父親啦！」

母親說當初我們是村中的富戶，因爲祖父和大伯染上鴉片癮，二伯父自費去日本留學，就這樣把大筆家產蹧蹋光。祖父死後留下大筆債務。

「窮家難當呀！誰也不願收拾這個破落戶，最後只有分家，酒館、油坊、粉廠，另外這棟宅加上幾畝地共分成四份，你父親最小，伯伯們讓他揀一份，沒想到他撇開生意買賣不做，硬揀了這棟彎腰駝背的老祖宅和那八分墳地。」

「父親怎這麼傻呀？」

「他也有說頭，口口聲聲說要和他爹娘靈位和墳墓在一起，哼！」母親還有有些不甘心的樣子。

分家那年父親剛由城裏念書回來，是個橫草拿不動的文弱書生，那八分墳地種一年不夠吃三個月，而我們兄弟一個個出生，家門就這樣鬧窮起來，那時候我也感到父親太傻，要我們跟他過窮日子，可是現在想起來，如果我是父親，也會毅然選擇那棟老祖宅和八分墳地，生身父母的恩情又豈是財帛所能衡量的。

我十五歲那年，母親不幸逝世，父親剛放開的笑臉，因喪偶又繃緊起來，他一個人田地家務兩頭忙，還要照顧未成年的我，後來我去到關外，家中只剩他一人，想起來眞是虧待了他，他用血汗勞力把我們養活大，最後卻孤苦伶仃的獨守古宅，沒有嚐到養兒防老，含飴弄孫的樂趣。

抗戰勝利的前一年的「冬至」，父親竟飄洋過海的撵到關外，那時候在瀋陽的二哥已經結婚落戶，父親竟過站不停的直奔公主嶺看我，可惜那時我只是個未滿徒的小夥計，既無權勢，又乏錢財，沒能力安置他好的膳宿，爲了父子能多處幾天，只好商議大掌櫃准許他住在店裡。

「那就和廚房大師傅一起住吧！」

對大掌櫃的開恩我父子只有道謝，記得那回大掌櫃父親來到櫃上，我們點煙奉茶的奉爲太上皇，而父親卻因兒子無能貶低身份，在人家冷眼下住到廚房裏。

「沒關係，省錢就好，當初給人家打工的時候，還睡過牲口欄哩。」

貧寒出身的人永遠是知足的，可是爲人子者，祇有無言的內疚，深感對不起父親。他在廚房裏一時一刻都閒不住，幫忙大師傅洗菜、燒火、倒垃圾……父親的眼力不好，那回大師傅把剁好的餃餡放在裝垃圾同樣的銅盆裏，父親未看清楚竟與垃圾倒在一起，惹著大師傅冷言諷語的大吼一頓，當時看到父親那種失魂落魄尷尬的樣子，我眞想跪在他膝前大哭一場。

「我明天要回山東老家去！」父親強做笑顏的說。

「不！希望您過完年再回去……」我歉疚的望著他：「如果不願在這兒住，就住在瀋陽二哥家中。」

「你二哥拖家帶眷，不必再給他添麻煩了。」

在父親心中，養活子女是天經地義，我們奉養他卻是累贅，但我一個小徒又無力安置他，最後還是送他去瀋陽二哥家中，準備在年假中好好與他團聚一番，可是在「臘八」前一天，竟接到他從故鄉寄來的信：

志華吾兒：

關外之行，主要是探望你，你是你母親的小兒子，從小拽著她襖襟長大，她死不瞑目的也是你。爲了安慰她在天之靈，我必須善盡爲父之責，好好照顧你。此次看你長得很結實，雖沒有出人頭地，但你會站得很穩，「不受苦中苦，難爲人上人。」你是從窮困院落中長大，也定能經得起風雨的考驗，我也這樣告慰你母親在天之靈。

在瀋陽你兄嫂家中住了十天，他們都對我很好，但是住不習慣，所以回來了，我感到還是這棟老祖宅最溫暖、最親切，你母親雖然不在，她的靈位還是陪著我，我會在這院落孤守一輩子。

明年學生意滿徒後，希望能早歸，這棟老祖宅和祖先的墓地相信你也有感情。

吾兒身居異地，乏人照料，關外氣候奇寒，注意多添衣裳。

此示。

父字

翌年抗戰勝利，關外光復，爲了志願與興趣，我毅然棄商從軍，於三十六年秋隨軍來台，從此再沒見到父親，因時局轉變，書信也被隔絕。四十年來雖夢寐思念，但天南地北永被割裂。每當孩子們問及他們的祖父母，我均豪言以告，將來一定會看到，是的，一定會再看到那棟彎腰駝背的老祖宅，或加大的那座母親的墓地！

晚杜鵑

芯　心

芯心（1923～　）本名丁琛，浙江吳興人。曾爲大華晚報「燈下漫談」及青年日報「灶邊小語」的專欄作家。

著作有：《故鄉》、《花景》、《爐灶邊的自白》、《我從青山來》、《燈下漫談》、《苔痕片片》、《晚杜鵑》……等。

晚杜鵑

芯心

吾女冰冰，妳走了已整整一年，整年中，我也忙了一些事情，包括賣去老屋，另覓新居。三個月內要交屋的覓屋期間，既看不中市區老公寓，也負擔不起昂貴的電梯華廈，於是，與兩個哥哥，一次次朝向安康路遊走，那支高高聳立的焚化爐煙囪，總會引領我們來到曾經陪妳去看診、去化療，心緒千迴百轉的這條長路，尋尋覓覓。

買下這層地價合理，景觀很好的山腰上的家，每當下樓走走，眺望那一列列暗紅屋頂的「台北小城」，那曾經是妳的家，而貼近的「黎明清境」，山道相通的登山口，以及遠眺台北城廂的高地……這些地方，都是我們以前開車尋訪過、俯視過、談笑過的地方，如今睹物思人，往事歷歷在目，旁邊獨缺妳的身影。

那些年，爸與姊相繼離去，好不容易，歲月撫平傷痛，惦記沉埋心底，假裝當他還在不知所在處遠遊未歸，妳姊也仍然安住在溫哥華那棟房子，祇是沒空提筆，疏通音訊。誰知噩運緊跟，一刻不肯放過，妳竟也罹患了不治之症，晴天霹靂，情何以堪！

手術後，陪妳到醫院去回診，去化療，一趟一趟往往返返，路途長又長。去時見妳精神甚好，我在車裡找些話語，排遣一路寂寞，回時總見妳病懨懨，猶如大病一場，我知道，化療總是難挨的折磨，最難受的煎熬。

常常，為了加強藥效，還得背個二十四小時的化療包繼續滴，那藥包，半夜要拍打，時刻要調適，看妳小心翼翼，專注地照顧掛在胸前的機器直到天明。次日，一等藥劑所剩無幾，趕緊要我電話雇車，前往醫院拔針。

在塞車等候中，在車輪滾動裡，望著妳包紮的頭巾，清秀又疲憊的臉龐，茫然又迷惑的眼神，我的心好疼、好痛，好怕、好無助，母女連心密不可分，我卻竟然無法分擔半點妳的痛苦，妳的不幸。

搬來此地，已達一月，也是妳離世一週年。去年妳在病房，除了冷氣還須電扇輔助，妳喘噓噓、淚茫茫的無語告別；今年，梅雨季的豪大雨橫掃山谷，天也感傷，淚如注！

新居所面對一座青山，它是雪山支脈，山的那一邊就是烏來，樹木茂密，鳥聲不絕，可以欣賞晨昏朝夕，雲霧繚繞的萬千變化。

晴朗天裡，山色如拭，似乎可以伸手碰觸，陰霾天氣或水氣低壓時，山嵐裊繞，變化極多，初見東邊湧來一團白煙，幾疑那兒著了火，冒了濃煙呢，這團濃霧，很快掩蓋一切，山在虛無飄渺間。慢慢地聚攏、散開的輕挪移動中，成條成串地，將山隔成一段段、一峰峰，最後游向更遠處，山又重新恢復原先面目。

搬來正是山花百放的四月天，也是乍暖還寒的夏天來到時，可以坐看半嵐半霧的雲霧之美，欣賞桐花、相思的夏花之姿。且看。山的那邊升起白花花的一堆，山腳這頭又冒出黃絨絨一片，陽光照耀，油桐雪白如緞，相思橙黃似金。

剛來正值農曆三月十五前，傍晚月亮緩緩浮出，夜半移過山前照在床畔，有夜夢中醒轉，皓月正掛中天，恰好懸在眼眸，那月色，那清光，竟分辨不出是幻是眞。

五月的第二個星期天，哥姐、妯娌及內外孫都到家裡來聚餐，兩棵白蘭花，兩盆九重葛，兩株茉莉和繡球花，還有不少波斯菊，這些都是文友爲我搬家合送，兒子知道我喜愛而買來的母親節禮物，那天，二姐送紅包，大哥親下廚，二哥負責添購滷味燒烤，滿屋洋溢溫馨鬧熱，比在館子有意義。

那天，大嫂陪我在社區溫泉泡湯，那六個湯池都有不同的溫度標示，泳池、三溫暖、烤箱外，還有戶外照射區，坐在湯裡泡泡碳酸泉，躺在長椅照照紫外線，瞇眼看看山巒迤邐，不禁想起有回妳約了二姐與我，興致勃勃在烏來洗溫泉，一樣的山色，一樣的水霧……只恨時光不能倒移，重回昔日生之歡愉！

前些天，屋主來取她的信，聊了片刻她問我：晚上有沒有夜鶯吵妳？對啦，那尖細清脆，婉轉嘹亮的，原來就是夜鶯。牠的鳴囀都在夜半二、三點，凌晨便消聲匿跡，不再發聲。

女兒，這兒鳥聲很多，咕嚕咕嚕的野鴿子，鳴如絲弦的綠繡眼，吱喳爭鳴的麻雀，嘀咕咕、嘀咕咕的竹雞，預知天雨的布穀鳥，喀喀啼唱的藍鵲，還有克莉兒、克莉兒鳴叫的白頭翁……

拂曉時分，都會下樓去走走，遠眺一〇一大樓，常在雲裡霧裡，見頂不見樓，而彩影婆娑的摩天輪，也總隱約在雲深不知處，這類建築，妳在時都還沒有造成。唯有四周環拱的路燈，千盞萬盞，仍然閃爍在天色未明中，這時候，我又念起燈火闌珊處，有妳舊時的家。

暮春初夏的油桐花、相思花，還有野地裡的牽牛花、太陽花，前者易綻易落，一夜風雨，花落如雪；後者朝開暮謝，生滅無常。但是，團團簇簇，豔紅一片的晚杜鵑，此刻正開得熾烈，放得燦然，在車道、坡道，在山徑、綠野，在社區各庭園及樹蔭下，處處可見芳蹤。

一天天，一週週過去，花兒依然老神在在，紋風不動，兀自綻放在那兒。

女兒，晚杜鵑開得緩慢，放得久長，正如我對妳的思念，細水長流，悠遠恆久，永遠長存於我心。

陪兒賣畫

王明書

王明書（1925～　）福建林森人，她的文章充滿陽光、溫馨和愛。自民國六十四年當選第一屆國軍散文隊隊長，連任三屆，和隊友們情同手足。

著作有：《磁婚》、《四海一家春》、《那一段可愛歲月》、《不惑之約》、《牽手》、《月是故鄉明》等。

陪兒賣畫記

王明書

朦朧中聽見小明的聲音：「媽媽，早餐做好了，要不要起來？」努力睜開惺忪的眼睛，明兒已穿得整整齊齊的站在床前。驀然想起，我是昨晚來到的，現在不是在臺灣臺北的家裏，而是身在美國。面前站的是兩年不見的愛兒。

對於時差，我搞不清，飛機在臺北是十二月六日的傍晚，六點零六分起飛，其中弄不清吃了幾餐飯，到日本東京是晚上九點，到夏威夷卻是次日上午九點多，到美國洛杉磯，卻仍是六日晚上八點多。

么兒開車來接，相見歡欣無限。奔馳一個多小時，來到他的住所——位所洛杉磯郊外的一個小鎮，拉汶（La- Verne）車上暖氣大開，下得車來，清冷的空氣使人直打哆嗦。房子裏卻又是暖得很。娘兒倆有說不完的話，千頭萬緒，等到就寢，已是凌晨。

我住的是兒子的畫室，他把畫具書架都搬到他房間去了。這房間有大落地窗，重重的窗帘，厚厚的地氈，燈光柔和的照著，一張溫暖舒適的小床，加上一張寫字抬和旋轉椅，這就是兒子爲我安排的「家」。

牆上掛的都是兒子的傑作。秋山紅葉，好壯觀好壯觀，霜葉紅於二月花的花海，他候湖的水光山色，尤山米特國家公園皚皚白雪的寫生，蒙特瑞十七里的松風和海浪。

長途飛行之後，又與兒話家常到凌晨兩點多，本來我睡眠不太好，累了，卻在松濤和海浪聲中，走入夢鄉。

忽然想起今天是星期天，小明賣畫的日子。昨天，他就是收了攤子逕往飛機場接我的，兒說「媽媽如果覺得累，就留在家中休息……」我是有點兒累，雖然時差的關係，在臺北正是夜闌人靜，此地卻已日上東山，我還好，一點沒有晝夜顛倒的感覺，也不昏昏思睡。我怎肯在家中休息？萬里迢迢的來到美國，就是要陪陪兒子，體驗一下他的生活，我要與他朝夕相聚，他曾屢屢來信，說「媽媽快來，媽媽來時可以陪我賣畫，看我如何把我的畫，變成生活費和學費。」他是十二月五日大考完畢，早就寫信要我六日就到。他考完就可以見到媽媽。信末畫媽媽搭乘一架巨型客機自天而降，他站著、仰著臉、張著雙臂做歡迎狀。

他是個獨立性很強的青年，能在艱困中站起來，能開拓自己的前途。他不懦弱，但他爲功課、生活忙碌之餘，他很孤單，他想家，想念爸爸，爸爸在美國受過訓，因此，先由媽媽來看他。

陽光亮麗的照著大地，清新微涼的空氣使人舒暢，天藍得很澄明，樹綠得好蔥蘢，遠山是一抹藍，近山又鍍上一層淺金色，這隆冬時節，不是潮濕寒冷，卻是明亮溫煦一如仲春。晚上好安靜，車很少，我們的車就悄悄地在公路上飛馳。

在這異國，在我愛兒的身旁，一位母親，默默地想，靜靜地眺望。這些景色，和臺灣有什麼不同？我的孩子，在這裏，會變嗎？有人說到了這高度工業化的國家，人會變得現實起來，漠視親情、友情，重視金錢、勢利，我得先在心裏，有一點準備。傳說兒子會給來探望他的父母開賬單，嫌父母們「土」，把父母當佣人使喚，把老母以高價「介紹」給老華僑，甚至把母親攆出門去。我自信我的兒子不至於此，但是，誰又能完全有把握呢？這原是多變的世界。

來到他經常賣畫的畫集。這是一個旅遊區，有高級的旅館和飯店，每逢週末和假日遊人很多，因此，地主就把那些草坪租給一些畫家做攤位。

我們在一處安全島似的地方停下來，有些人正在擺攤子，有些人正在卸東西，也有些車正往這兒來。大家打招呼，哈囉，早安，不絕於耳。明兒一面搬下兩張可以折摺的軟椅和他的一些畫架，讓我先坐下晒太陽，一面和他的右鄰說話。那是一位德國老畫家卡爾（Carl Welffer），他的個子不高，約一百六十多公分，他卻有一位高大和藹的太太，他們有六個孩子。他有紅紅的面孔，灰藍色的眼睛和花白的頭髮。他在二次世界大戰時，曾被納粹關入集中營，歷盡折磨，以後就流浪到美國來，卻絕對不入美國籍，他是專畫沙漠風景的畫家，仙人掌，沙漠風光……是他的拿手。

我看見兒子把畫架搭好，一箱一箱的畫搬下來，把車子開到停車場，回來再把畫一一掛出來。他的動作熟練，和德國老畫家等人一樣，那裏，完全是他自己的作品，有中國山水畫的意境和精神，西洋畫的色彩的手法。

大概兒子早和他的朋友們提過，有些畫家知道迪肯斯的媽媽從臺灣來，都過來寒暄，小明很高興的和他們說：我媽媽如何如何，臺灣如何如何，我知道他以媽媽爲榮，以他的國家爲榮，心裏很覺安慰。

畫都掛好了，明兒把攤子請德國老畫家卡爾照顧，「走，我帶媽媽繞場一週，觀光、觀光。」娘兒倆攜手而行，我忽然想起以前他幼小時，我牽著他的小胖手去玩、去上學！第一天進學校，穿了我親手縫的白色香港衫，黃卡其布短西褲，揹著新書包，一個圓圓的臉和小平頭的小學童！那情景歷歷如同昨日，如今，兒牽著媽媽的手逛美國加州的畫集——這就是人生。

走過一位又高又胖的畫家湯姆・雷登（Tom Radin）的攤子，他是美國人，開著一部旅行車來的，車就停在畫攤旁，車上有廚房、浴間、臥室和起坐間。一對胖夫婦來賣畫，還帶著十三四、十五六歲的幾個胖孩子（正是寒假期中）。胖先生的襯衣上，胖太太爲他繡著金龜、車塗著口紅的大嘴巴、幾朵花、一隻小船……他就那樣穿著跑來跑去，胖太太和胖先生親熱得很，摟摟抱抱，打情罵俏的，非常有趣。他的畫很商業，藝術價值不高，但生意不惡。

再過去是一位老畫家，唐諾・哈金斯（Don Auch-ins）畫古堡、沙龍、農莊……誰買他的畫，他就把畫上題著：張家家園、李家家園……簽上他的名字。我兒的客廳裏就有一張油畫，一個很大的農莊，莊前有好大的一棵樹，樹上掛著一個輪胎，很古樸可愛，題著：張家家園，是兒子用他的畫交換來的。這也是個很好的生意經，誰都有佔有慾，畫餅充飢，畫一座華廈和農莊，寫上自家姓氏，也是很過癮的事。再過去是花卉畫家，玫瑰、玫瑰、好多美麗的玫瑰，紅的、粉的、白的、紫的，大叢名貴的黃玫瑰，配著考究的框子，你幾乎可以擷一朵下來。還有些板畫，還有些橫著豎著都看不懂的畫……我們走過一處，畫家們都和他親切的招呼，「我媽媽從臺灣來……」，臺灣在哪裏?他們未必知道，但是，一位臺灣來的青年，他們看到他的表現如何，對臺灣就會有如何的印象。

看到一些藝術品的攤子。雕刻的、琺瑯的、那些琺瑯藝品有美麗晶瑩如寶石般的花紋和光彩，做成的項鍊牌、手鐲、別針、盤子、各種飾物，完全是手工藝品，那是捷瑞（Jerry）夫婦在一千四百度高溫的窯裏做出來的。聖誕節快到了，好多人從遠處來此選購，用來做聖誕禮物。

一個賣可口可樂的小販，向我兒招呼，知道我是遠道而來的媽媽，一定要請我們喝可樂，為我們慶賀，我們喝了可樂，他拒絕收錢，結果勉強收了一杯的錢，我的一杯免費，算是他的敬意。

「這是個非常自由的國家，有許多怪事，你見得多了，就不以為奇。喏，媽媽看，這是一對夫婦，丈夫忙忙碌碌在張羅生意，太太嬌滴滴悠哉坐著晒太陽，看畫報。」說著，他走過去，那男的就迎過來了，很普通的碧眼金髮，四十多歲的洋人，兒為我介紹，說他是某某畫家，我不免胡亂稱讚一番，這些畫眞是傑作，好美的風景呀。走過去我就問他：「明明是兩個男人，哪裏有他的太太?」「就因為是兩個男人結婚，還是正式合法的夫妻，我才給媽媽說這是奇事呀。」老天！眞是不可思議。以後我陪兒賣畫多次，他有時也逛到我們這邊來，小明問他，你太太好嗎？我也問候他太太，他還蠻像一回事的道謝，眞是妙透了。

我們母子講國語，兒和洋人當然是用英語，他們講些什麼我總可以知道一些，我們講什麼，別人就完全一無所知了。兒還帶我去看一個「混」的畫家，好漂亮的框子，畫布上貼著金，兩座山，幾棵小樹，山不像山，樹不像樹，還有幾行題字，兒說他對別人說他題的是中國字，我們娘兒倆研究了半天，既不是中文，也不是韓文，也不是日文，他就把橫七豎八的幾筆湊成一個方塊，就算是中國字，你問他題的是什麼？他說是中文詩，什麼詩？他也故弄玄虛，不告訴你，其實他根本自己也不知道是什麼東西。居然也敢亮出來賣，這也是奇聞。但是，如此一個固定的畫集，一百多位畫家，最少時也有七、八十個攤位，派別、畫風各有不同，也的確有些好畫。所以，你要賣得掉，甚至賣得好，也得要拿出眞本領來，唬牌是不靈光的。

攤位每次租金二十元，你即使一張畫也賣不掉，但租金是出定了，有很多人特意到此地來買畫，所以，這畫集每人都有他固定的位置。如果上午九點鐘你還不來擺攤子，老板有權把你的攤位租給別人。你每次付租金的倒還罷了，若是付月租，你是活該，他不會少收你一塊錢，誰教你不來，算你棄權。

我們就併坐在草坪上，晒太陽，聊天，任遊客自己看畫。兒子可以看得出什麼人是誠心來買畫的，什麼人只是寂寞得慌，想找個人聊聊天。一些退休的老先生老太太們，還有些靠救濟金生活的老人家們，天氣好就外面逛，就是想找個人說說話，但是，誰有功夫和你閒著沒事聊天呢？畫集上常常有這類的老人們。有時我看見他們指指點點問長問短的，就催兒子去照應，他一點也不起勁。我還怪他不近人情，不像個做生意的樣子。果然，後來才知道，這些人就是閒得無聊，絕不能是買主。兒說「有時候，同時要應付好幾起客人，從早到晚也鬱累，如果不買畫也一視同仁的應付，可沒有那許多精神呀」。兒告訴我許多事，什麼樣的人是眞正的有錢人，又懂得藝術，肯花錢買畫的；什麼樣的人是普通人，喜歡畫也還買得起的；什麼樣的人喜歡畫，又買不起的；什麼樣的人是又不喜歡，又買不起。我驚奇兒在短短兩年離家，竟學得如此一套的「閱人術」。

形形色色的遊人，川流不息的經過，有一種人是夫妻同來或父母子女同來看畫的，一個就愛得不得了，很想立刻就買回去，一個卻提出許多理由反駁，或說這個月不寬裕，沒有餘款來買畫，或說買了沒有地方掛；爭執不休，然後一人是悻悻的，一人拉著他就走，（當然他們不忘記說句對不起）很尷尬的走了；過一、二小時，或到快收攤子時，那起先堅決反對買畫的人，卻又悄悄地回來，原價買去了那張畫，「我反對是假的，我知道她喜歡，想給她一個意外的驚喜。」七次隨兒賣畫，居然遇到兩次這種情形。美國人那種討好配偶和家人的心，很可感也很可愛。

一對小夫妻走來，在我們的幾組畫架前徘徊，然後就停下來，他們看中一張黃石公園的寫生畫，一百五十元，他們剛組織小家庭，很想要，愛不釋手，但經濟情形並不寬裕，還拿不出這一筆錢來買畫，兩人商量的結果，要分期付款，今天付二十五元做定錢，下星期再來付一部份，等到付清，纔把畫取去。後來，第二個星期他們又付了七十五元，第三個禮拜又付了五十元，他們並不知道我們的住址，卻到時候就來付款，這種年輕人對藝術的愛好，很令人感動。他們把辛辛苦苦賺來的錢，不買吃的、穿的、用的，不拿去跳舞、玩樂，卻積起來買一張畫，眞是非常難得。

我沿著加州溫暖的陽光，坐在如茵的草地上，膝上放著一本書和紙，就著膝當桌子，寫信給臺灣的家人、朋友，告訴他們，我這些天和兒子去玩了些什麼地方，和我的生活情形、我的感受。密密麻麻的方塊字，從上而下。德國老畫家的太太就在我背後，看著我寫，我知道她看不懂，索性拿給她看，她嘖嘖稱奇的稱讚這種排列多奇妙；這種方塊字多美麗。小明就乾脆翻譯了幾行，讀給她聽，又把一個中國字分解開來，把組合的道理講給她聽；又把最初的象形文字山、水、馬、鳥、飛……講幾個字寫出來給她看，她聽得好有興趣，不覺間聽衆已圍五、六人，而我那張寫了一半的信，就由他們傳閱。

在美國，加州是天氣最好的地方，尤其洛杉磯、舊金山一帶，隆冬仍風和日麗，天晴得好可愛——有些地方，如米蘇里、密歇根等地，冬天大雪載途，時常路都不通——但早晚戶外仍有些寒意。

每次陪兒去賣畫，我們攤子擺好，剛一坐定，卡爾就走過來道早安，問我要咖啡，還是要茶？起先我都答應要茶，他自備有熱水瓶，就用他那很考究的、手工做的磁杯，倒一杯熱茶，捧來給我。那茶的樣子和我們的紅茶一般，喝起來有一般濃濃的荆芥味，又放了大量的白糖，道地的洋茶。

以後他再問我要茶還是咖啡？我就乾脆要咖啡了。他的咖啡的確又濃又香，煮得恰到好處。感謝他，我陪兒子賣了七天畫，每週兩天，每天早上他必定恭恭敬敬雙手捧一杯熱咖啡送來給我。這位老畫家六十多歲，在此畫集已賣了好些年。他是畫集上少數的德國人，而小明是惟一中國青年。

初來時，兒畫純中國山水，洋人看著有興趣，卻一張也賣不掉，西洋畫色彩濃艷，國畫相形之下就太黯淡，而且，一題了字蓋了章，他們就更不問津，理由是這中國畫買來要配中國家具，他們不可能因爲一張畫，換上中國家具。這眞是莫名其妙的道理。後來小明畫油畫，在國內他從未接觸過，也不知該用些什麼材料，還是卡爾指點他的，並帶他到他家去，看他畫，這是非常難得的，他們作畫大都不許人看。但他要求他說，你畫什麼都可以，就是不要畫沙漠風景。因爲他是專畫沙漠的畫家，怕他搶了他的生意。對一位異國青年，這已算很大的照顧了。小明的第一張油畫很快就賣掉了。油畫成本大，又太費時間，後來他把國畫研究，改變成水彩畫，只簽一個英文名字，居然逐漸的有人買，而且賣的不錯。賣畫比打工輕鬆，收入也高得多，又不受氣。在美國，畫家是很受尊重的。他居然以他賣畫的收入，可以維持他的生活費和學費。對德國老畫家，他有一份感激。

賣畫眞有許多學問，我兒都是儀容整潔。他說如果你一副邋遢相，鬍子也不刮，蓬頭垢面，衣衫不整，看起來潦倒不堪，那給人的印象是沒有自信、不積極，人家會瞧不起你，更不會買一個不走運的畫家的畫的。

中午，我們走不開，沒有地方吃飯，母子就啃蘋果吃巧克力當午餐，有時兒就再三催我：「媽媽累了吧？回到車上睡一會兒。」車上很暖和，兒交給我車鑰匙，我把警鈴先關掉，再打開車門，很舒服的睡了一覺，日已西斜，冬季天黑得快，我回到兒的攤位，遠遠看見他和客人談生意，或和卡爾閒聊，在寒風中，一老一少，在異國的畫集上求生存，也有幾分淒涼況味。

太陽隱入雲層，冷風颯颯的，天氣變了，大家都有點瑟縮，有人看中老畫家的畫，他就把身上的大衣，很自然的披到可能買畫的主顧身上，有時一對夫婦顧客，他就把大衣披在那位太太肩上，自己硬撐著，陪著人家談論這些畫的好處，等到買畫人開了支票，拿走了畫，大衣又回到卡爾的身上。他見我們看他，就做出一個無可奈何的表情。像是說，爲了生活，有什麼法子。

卡爾常對小明說，他在這畫集已賣畫很多年。一個成功畫家頂多二、三年在一個固定地方。有一天，他忽然不見了，你只有在報紙上看到他的大名，他在旅行展覽，再以後，他不常露面了，買畫的人要約時間，到他私人的畫室去看，去買，不是在畫集上隨便可以買到的，這樣他就成名了，財富也隨之而來。

冬日晝短，四點半天就黑了。薄暮時分，氣溫陡降，大家紛紛收攤子，車聲、人聲，小明的畫一張一張要按順序取下來放入紙箱，每張畫之間隔一紙板，把畫收好，再把畫架一一按次序搬回車廂。我惟一能爲兒做的，就是畫取下之後，我取下鈎子，取了一把，放入工具箱，再一個個取下來，冰冷沉重的鐵鈎，不一會就放滿了一盒。看著他工作，堅毅、能幹，他眞是頗有父風。

一星期到另一個星期的畫集之間，有聖誕節和元旦，我們收好攤子，兒把車先發動好，讓引擎先熱一下，我已坐上駕駛臺旁的座位，兒下車去和仍在收拾的畫家們說聖誕快樂，說新年萬事如意。他的人緣眞好，好人和他處得好，有幾個畫集上有名的，常爲一點私利和別人爭吵，很不爲大家喜歡的人，他也相處的不錯。在我們正收攤子，別人將離去時，也特別過來招呼，說祝賀的話。

我就要回臺灣，最後一次陪兒子賣畫，附近的幾個攤位的畫家，都跑過來致意，祝福我旅途平安、愉快。收攤子時，我向卡爾道別，謝謝他每次畫集都送熱咖啡給我，他太太跑了一下午，去買一件小禮物給我，而他，跑過來，對我們娘兒倆說：「下一次您不來陪迪肯斯賣畫了？你來，他多高興，我眞不忍見你們母子分離，但是，您必須回去，這就是生活！」老畫家說著，眼睛一紅，居然掉下眼淚，轉過身去，趕快跑開了。

假期是短促的，轉瞬我就到了歸期。倘若我停留的時間較長的話，小明要我陪他到亞里桑那、德克薩斯、棕櫚泉、拉斯維加斯……。到許多美國的大畫集去賣畫，都有預先排定的日程表，跨州去參加。兒自己開著旅行車去，自己擺攤子，晚上還要自己架設燈光，要應付川流不息看畫和買畫的人。他吃飯都沒有時間，都走不開，有我在旁邊，精神上也有個支持。我們可以用國語談笑，外國畫家都是一家一家的去趕畫集，一邊做生意，一邊在休息的兩三天的空隙中遊覽一番。那些畫集，都是相距幾百里，各地有各地的風景，能夠去看看眞是十分值得的事。但願以後我再有這種機緣。

每當週末和星期天，我就想到在美陪兒賣畫的情景。清晨，在溫煦的陽光下，我們的車在寂靜的公路上奔馳向畫集。一個中國青年，在異國的畫集上，與碧眼黃髮的洋畫家一較短長。

離家兩年，他變了，變得更積極、更勤勞、更好！

種一株花樹

鮑曉暉

鮑曉暉（1926～　）本名張競英，遼寧鐵嶺人。曾爲台灣日報撰寫「感情的故事」、青年戰士報寫「灶邊對話」，及家庭周刊寫「菜場巡禮」等專欄。曾獲教育部文藝創作獎、中央日報、青年日報文學創作獎、觀光文藝獎。南華大學學生趙台萍以《鮑曉暉散文研究》得文學碩士。

著作有：《深情回眸》、《人間愛晚晴》、《奶爸時代》、《寂寞沙洲》等二十四部。

種一株花樹

鮑曉暉

小麵包車出了北京城，一路頂著灼陽走進昌平縣。

車在崎嶇的鄉道上顛得像跳「曼波」，沒有空調的車裡熱得好似蒸籠。看看車窗外，觸目是塵土飛揚的黃土路，斑剝的黃土屋，沒有一絲綠意的黃土荒地。站在路旁、坐在牆根下是穿著襤褸，滿身蒙了一層黃塵的村人，他們那呆滯木然的眼神看著我們一路走過來。而我，恍惚有走進三十年代逃荒鏡頭的錯覺。

到昌平來是給父母掃墓，墓在昌平鄉下一個墓園裡。都說大陸經濟搞活，看樣子鄉村還是窮得很。倒是死了的人沾著光了，墓園在半山腰，由山下仰看，立著的慕碑高高低低像一山碑林。

「聽說從前人死後不准土埋要火葬是吧？前年我和你姊回哈爾濱到鄉下掃祖墳，只有一座墓碑，墳的影兒都沒有，說是文化大革命時都被鏟平了。」我邊往山上爬邊問大弟。

「那種數典忘祖，違背人性的做法是行不通的。中國人幾千年都慎終追遠，連墳墓都找不到像話嗎？現在好了，開放後不但允許土葬，也撥地建墓園，讓探親的人有墳墓可掃，沒有祖墳，親人故舊又失敗，回來幹啥？現在的官兒聰明得很，僑資也是搞活經濟的來源，你看，這滿山的墓地修得多漂亮，都是海外親人出的錢。」大弟打開話匣子滔滔說出這片墓園的興建史。

我仔細打量沿途所經過的地方，的確，那一座座的墳園，都像小人國的別墅，院牆門洞景然，越向高處越華麗。

父母的墳園也經營得很體面，雖然只幾坪，但矮牆迴廊，水泥柱的門上還塑了兩只圓型的水泥燈。站在水泥門前俯瞰下望視野遼闊，遠山近樹村舍人家，北京的皇城琉璃瓦屋頂掩映在群樹間隱隱約約。

「二姊，你看著還滿意吧？」三弟和我並排站著，指前指後得意的說：「這塊地我和大哥找了很久，背山面水，風水好！」

「北京還有風水先生嗎？」我轉首看一眼這個我家當年的激進分子，反對舊教條，反對迷信，於今卻信起風水來。人經過太多無奈和災難，自己掌握不了的坎坷命運，就會變得迷信吧？小時就畫得一手工筆畫的三弟，立志要做建築師，卻去搞了航空地勤，去年提早退休。

「早先是不興那玩意兒，活人都顧不了，誰還顧死人！近幾年大家夥生活寬裕了，有了墓地，又熱中看風水了。現在風水先生是有錢的個體戶嘍！人哪，擰不過命，只有托風水改運了。」三弟說完還「嘿！嘿！」的乾笑了兩聲。

「二姐，你記得不？奶奶臨死前還叮嚀爹要找塊背山面水的山腰埋葬她？」大弟望著遠方，若有所思的說。

抗戰勝利前一年，祖母死在雲南，我記得坐落在桃源鎮半山腰祖母的墓地，花了一筆不小數目的錢，還是父親向開酒精廠的同學借的。風水先生說那是一塊龍穴，保佑後世子孫大富大貴。

我極目遠方，努力的想看清楚「面水」的那條河，終於看到遠方叢林內有條若隱若現的小溪河，在豔陽下閃著粼粼的水光。

「滿意，挺幽靜的，正合爹意。看著滿山的墓碑，這塊地的風水一定不錯，說不定是龍穴呢。」我笑說。

「希望是，咱們張家也該翻翻身了。」三弟也笑了。文革時弟弟們失學失業，再加上承傳了父親的耿介，都是那時代的失意人。

「風水好的地方不好找，價錢也高，能葬在這裡的除了有海外關係的、高幹、個體戶的家人外，尋常人家是沾不了邊的。要不是二姐寄錢來，我們幾個湊錢都買不起。」大弟嘆了口氣。

拈香，拜祭，照了像，我們都坐在墓園的矮牆上，好像陪著墓中的爹媽坐著。

我游目四野；藍天如緞，遠山似黛，群樹蒼翠，世界眞美好。這個半山腰讓我滿意的，其實不是弟弟所說的「風水」，而是風景。我不知道是否人有死後的世界，但我仍然願意相信父母地下有知；父母窮困顚躓了大半生，現在可以遠離塵世諸多的煩惱苦痛，隱居在此，晨迎朝暾，晚送夕照，晴眺遠山白雲，雨觀山霧迷濛，過著寧靜的歲月了。

我不相信「風水」的原因，也是因爲祖母葬的是龍穴對父親沒有影響；我第一次回去他已八十九歲，和母親相依爲命住在鐵道部配給的一幢老朽的宿舍裡。那種寒傖淒涼，和子女星散各地的孤獨，讓我回到旅館伏在床上嚎啕大哭。

唯一和「貴」字沾上邊的，是他在古稀之年依然以被重視的「顧問」身分，常被鐵道部請去參與重要決策；死後骨灰供寄在北京的八寶山國家公墓這兩件殊榮。但「享」這樣殊榮的待遇，不是因爲他是「高幹」，而是他一生奉獻工程界。

父親由學校畢業後，在瀋陽鐵路局由實習生做起，而北寧鐵路、隴海鐵路、粤漢鐵路、湘桂鐵路。抗戰時深入滇省西南蠻荒之區測修滇緬鐵路，勝利後回東北任職中長鐵路。是資深經驗豐富老工程師，後來在鐵道部的路政司長任內退休。父親在文化大革命時也沒有逃過下放、挑糞、掃牛棚、和子女劃清界線等種種折磨。他能活到九十歲，在見到我最後一面才去世，我深知是靠他那樂觀堅強的生命觀。我還是年少不識愁滋味時，常聽他對總懷杞人之憂的母親說：「你這樣愁風愁雨愁不盡，不是自尋煩惱嗎？你怎麼看不到高興的事呢？」的確，父親熱愛世上諸般美好的事物，對人生從不失望，在絕望時仍有尋求希望的勇氣。

習習山風吹散了灼日的炎熱，紙灰飛揚，香煙繚繞，那籃紙花也隨著山風顫動。

「爹喜歡花，我們應該從山下帶束鮮花來。」紙花是在山根下墓地管理處買的，沒有鮮花。

「鮮花？賣的少，也挺貴的，有這個就成了。」兩兄弟對這紙花倒很滿意。

由半山腰俯瞰遠方，大陸北方的山野還是很肥沃的，茂密的樹木掩蓋了來時的黃土村莊。尤其北京的綠化做得不錯，如果植一株開花的樹在墳前，父親該更高興……坐在墳前遐想，感覺與父親母親正親密的坐看風景，父母的音容笑貌在眼前晃動，那在山風裡抖動的紙花也幻變成牡丹、海棠、芙蓉。我彷彿看到父親彎著腰，微笑著欣賞他手植的花，眼神裡流露著慈父般的愛意。

記得小時候家裡住在獨棟的四合院，沿著正房窗前走廊上是一排的盆花，那是父親公餘之暇的成績。花兒盛開時，他會抽空搬張籐椅，端杯茶，坐在花前相看兩不厭好半天。

父親愛花愛得很癡迷，愛花喜種花，一盆盆花都是父親親手播種；看它們發芽、冒綠葉、抽條兒、吐花蕊、展花顏、怒放燦爛，就像呵護嬰兒成長般付出心血。

父親的花是不准人碰的，只能用眼眸去欣賞。父親的花也被他寵得很嬌嫩；怕大太陽晒，怕驟雨打，怕秋霜欺，怕冬雪虐，總見他爲花辛苦爲花忙。在北方老家每到冬天，偌大的堂屋變成了花房。爲此母親還砸過父親的花盆。

後來在戰亂的歲月中生活顛沛，父親工作調職頻繁，常年不在家。我家也搬遷頻仍，家裡少了種花人，好多年看不到花影花姿。

但在記憶裡，即使日子最窮困時，他的小書桌上總有一盆花。雖然都是雞冠花、鳳仙草之類的廉價花。但那美麗生意盎然的花朵，給灰暗蕭條的陋室增添了幾許色彩和生氣，黯淡的心情也開朗起來。

記得第一次回北京是陽春三月，北方的花有信，三月正是杜鵑將開季節，父親臥室靠院子的窗台上擺了一盆剛開了一朵的杜鵑。那天下午只有我和父親母親在家，我們聊著大陸台灣的瑣瑣碎碎，溫暖的春陽斜斜進窗口，照得那朵艷紅的杜鵑特別亮麗，父親忽然問我：「台灣有杜鵑花嗎？」

「有啊，台灣氣候暖，一年四季都有花開，我的後院種了幾株杜鵑，我來的時候開得正茂盛著呢！」不知為什麼，我忽然順口哼起：「淡淡的三月天，杜鵑花開在小河邊——。」

父親眼睛突然一亮：

「昆明的杜鵑花開得也早；這條歌是你讀初中時常唱的嘛。」父親微笑的說。

我也吃驚父親的記性好，更奇怪對我們兄妹一向不苟言笑，嚴父型的父親竟然會聽到我唱歌，那時他連最喜歡的京戲都不去看了。只記得母親只要聽我唱歌，就皺眉呵責：

「女孩子家，整天哼哼咧咧的，沒個正經樣子！」

一隻白蝴蝶翩翩而來，在紙花前繞了一圈又飛走了，想必是紙花沒有香味也沒有花粉可採吧？

「爹在下放時還種花嗎？」看那隻白蝶越飛越遠，我突然問三弟。

正坐著歇腿，吸著香煙的三弟愣了一下，隨即會過意來：

「種！那年他五七幹校掃牛棚，冬天我去送棉褲，在牛棚的棚頂上我看到一盆小小的臘梅，只開三五朵花，他還問家裡院子中的花大概都凍死了。就是在他老病纏身的日子裡，還撐著養了好幾盆花。人精神好些就蹲著翻土剪枝，花大概是解人意，開得很茂盛。」

「媽呢？還是不理睬爹的花？」我想母親爲了花和父親鬥氣的事，笑著問。

「老樣子，咱們媽一向是不喜歡花的，可是很奇怪，爹去世後，媽倒寶貝起爹的那些花了，每天不忘澆水，花活了一陣子，後來慢慢都死光了。可能是媽不諳花性：怕花枯死，水澆得太多澇死了。」三弟閒話家常的笑著形容兩老對花的感情。

我聽了心酸酸地，我知道父親死後，獨居寂寞的母親勤澆花的心情：是對花思人，對父親有著歉疚，和深沈的思念。

而我，從回北京第二天看到父母淒涼的景況，就決心要把父母接到台灣來小住，讓他們在溫暖如春的寶島，在我那後院享受「小園煙草接鄰家，桑柘陰陰一徑斜。臥讀陶詩未終卷，又乘微雨去種花」的晚年蒔花田園的生活。

然而，風燭中殘年的生命是脆弱的，兩老在一年內先後去世，我的孝心成了永不能實現的願望！

日影西斜，炷香已盡，我們起身下山。雖是人天相隔，但仍然依依。回首翹望漸行漸遠的父母安息地，我想的是下次來要攜一株會開花的樹苗種在墓前。

山中歸來心自靜

匡若霞

匡若霞（1927～　）湖南岳陽人，湖南大學肄業。曾任記者、教師。創作數十年，寫散文、小說及雜文，曾獲中山文藝獎、國軍文藝金像獎。

著作有：《不是終站》、《青葉集》、《暖陽》、《歲月履痕》、《心靈剎那》、《桃源此去有歸路》等。

山中歸來心自靜

匡若霞

從童年至現在，我所居住的環境，幾乎都與山鄰近，每當推開門窗，青山盈盈映入眼簾，那盎然綠意照亮了我的眼眸，也照亮了心扉。

記得小時候，父親常牽著我的手，在故鄉老屋附近的山間林蔭中漫步，踏著小徑上的落葉沙沙響，我喜歡腳底下鬆軟的感覺，喜歡林中的蟲鳴鳥唱，也喜歡風吹樹枝搖曳的飄然，當時的愉悅完全出於一種童稚心靈的反射，不代表什麼意義。

及至長大，無憂的童年遠逝，步入飛揚的青少年歲月，煩惱亦隨之跟進，屬於學業方面的、戀愛方面，還有其他的衝擊，於是壓力、挫折、愁緒，不時地在光陰的縫隙中擠入心靈，有種說不出的沮喪游移體內，產生焦慮、煩躁與不安，在難以承受之際，我便走向山林，童年的感覺猶在，但此時已有一層體悟：似乎卸下了重擔，洗滌了滿身塵埃，心情頓感輕鬆舒暢；而大自然風景以優美的姿態相迎，它無條件的接納我，饗我習習輕風、婆娑樹影、陣陣花香，以及那氤氳山嵐、悠悠浮雲；尤其是山中清新寧靜的氣氛，驅散了浮躁的積習，使一顆年少輕狂的心暫時安頓，使沈落深谷的情緒得以攀升，給自己重新定位，蓄足勇氣，去接受現實中所面臨的挑戰。

隨著年歲增長，逐漸有一份洞澈世相的清明，人生諸多無常，一路行來，難免會有崎嶇坎坷，縱然有時繁花夾道，有時也荆棘叢生，在歲月的歷練中我學會了豁達，逆來順受讓日子過得泰然安適。但那年秋天，生命中突遭巨變，是一種刻骨銘心的傷痛，堅強的我頓被擊倒，精神瀕臨於崩潰。心靈嚴重受創後，接著大病一場，昏迷中被送進台中榮民總醫院，清醒時醫生告訴我，必須要動手術，當護理人員推著我到開刀房的那一剎，感覺上與死亡十分接近，心中卻毫無恐懼，想必是了無生趣吧！

手術很成功，我竟然活過來了，而且復原得很快，出院後便住在榮總宿舍兒子媳婦家裏，繼續療養。他們感傷父親的遽逝，更不能失去母親，悉心照顧我，唯恐稍有不適。我雖病體已癒，但心靈的傷痛難以平復，媳婦見我整日愁眉深鎖，鬱鬱不樂，有天晚餐時，她對兒子說：「媽媽喜歡山水，星期六你休半天假，我們陪媽媽出去玩玩，在山上住一宿，星期天回來。」兒子立刻贊同，我沒有說話，當然順著他們的意思。

週末早晨，兒子駕車從臺中出發，沿新中橫公路經水里、和社，往玉山國家公園塔塔加遊客中心行駛，愈往山裏走，眼見車窗外重疊的山巒遼闊壯麗，那種雄渾幽深的氣質也就更爲顯著了。車子迂迴起伏的前行，層層翠綠一波波湧來，讓人應接不暇。

中午時分，我們到達了塔塔加遊客中心，山上飄著雨絲，森冷的寒氣襲人，我們趕快進入中心餐廳，坐下來先喝杯薑茶，暖暖身軀。午餐後雨已停，我和兒子媳婦三人走向室外水泥台前，觀賞山景。我是第一次到玉山，果然名山不凡，氣勢磅礡恢宏，遠近以絕壑陡崖斷然阻隔或奇妙地連結著風貌互異的四周群峰，險峻凜然，令人敬畏而心生膜拜之情。在這裏，我見到山的多種容貌：雄偉、秀逸、瑰麗、尖銳璘峋、崢嶸嵯峨，其實又豈止是這些，風雲變幻中，山呈現千百種姿采，莊嚴神奇。環顧周圍如絮般的團團雲霧，浮游於峰巒間，糾纏著，蒸騰翻滾，瞬息萬變，當霧起雲湧，所有景物都急速地隱沒了，山谷和森林都消失了，天地朦朧，一片模糊，過了一會，雲開霧散，萬物又浮露出來，清明秀麗，大自然妙趣無窮，令人讚嘆。

我們夜宿依山而建的小木屋，別具風味。山間的夜分外寧靜恬適，黑暗中彷彿聽到宇宙生命的呼吸，樹葉在微風中輕語，流水在低低吟唱，和諧地伴我酣然入夢。

晨起，走向屋外的草地，空氣清芬如蜜，四周花香撲鼻，天高氣爽，白雲淺淡悠閒，沐浴在和煦的秋陽下，心頭暖意洋洋。歸途中似覺衣襟上也沾滿芬芳，山中的靈氣給我注入新的生命液汁，掃除了多日的鬱悶，心情變得開朗了。

如今，偶遇困頓憂煩時，我不自覺地便會走向山林，或是在山徑上漫步，或是找一處樹下的石頭坐下憩息，讓心靜下來。不論高崗丘陵，總覺得山是那麼慈祥，穩重而又安全，山中天地呈現的使人感到美，感到善，能助我克服徬徨和憂鬱，在下山後回到擾攘的紅塵裏，懷有一份清涼，心中塊壘也就化爲烏有。

夏日尼斯

蓉 子

蓉子（1928～ ）本名王蓉芷，江蘇人。1951 年走上詩壇，也寫散文，被譽爲詩壇「永遠的青鳥」。曾獲「國際婦女桂冠獎」（1975 年）、「國家文藝獎」、青年寫作協會「文學成就金鑰獎」，以及中國詩歌藝術學會「詩歌藝術貢獻獎」等。

著作有：《青鳥等》、《橫笛與豎琴的晌午》、《黑海上的晨曦》、《眾樹歌唱》、及散文遊記《歐遊散記》等。

夏日尼斯

蓉　子

離開了以鬪牛聞名的西班牙，花都巴黎在望！呵、這盛產高貴香水的國度，讓我們心中充滿了羅曼蒂克的想像。不過在未到巴黎前，我們一行先來到了法國東南部著名的度假勝地——尼斯（Nice）。尼斯是迷人的，滿眼悠閒的人群，處處都是花香，當我們一走出飛機，進入了機場大廈，我立刻發現，迎接我們的不是巍峨的建築物，而是綠意和美麗的花卉。猶記得大廈一旁有一個怡人的綠蔭庭院，植滿了小樹和各種觀葉植物，如臺灣最爲常見的萬年青、鑲綠邊的紫色葉子、外紅底綠的闊葉片、和黃心的綠葉。總之，那小園濃密而多彩葉，候機的旅人可在其中散步或坐在石凳上休息而不致感到無聊和單調。大廈的進口處則沿牆基讓出了一方泥土種滿了各種顏色的小花朵，好像替機場大廈鑲了一條花邊似的。離開機場，冷氣大巴士沿著海邊走，海濱綠地也都植滿了花。那兒很多房子都靠近海灘，進入街道，沿途也盡是花和花香，一盆盆整齊的排列在安全島上，我發現歐洲人普地都愛惜花卉，因此歐洲人也就較有些民族顯得優雅些——也許更重要的是由於他們和我們一樣地具有深厚文化背景；卻又更熱愛藝術的民族吧？！和他們相較，我們的歷史、文化比他們悠久，但對藝術的愛好卻遠不及他們。

尼斯是一國際港埠，這兒天朗氣清，海岸遼闊，海水蔚藍，海岸山岡上，多的是有錢人的別墅，每逢夏季，歐洲各國的王公、貴冑、富商、大賈來尼斯渡假者不勝其數。一大清早，長長的海灘上便滿是戲水的人！他們或躺或臥，或怔怔地獨自看大海，或和身旁的愛侶蜜蜜私語，此時此刻世界對他們宛如無憂的天國，不需勞苦，也毋需流汗而不虞匱乏，長日享受悠閒人生，至少在七、八月。可是在世界的另一端，有多少人日夜辛勞，沒有假期，沒有休息地工作都得不到溫飽。在那些人的生活中，從未看到過藍天和自由無羈的海，我不禁感到世上的白晝和黑夜竟如此分配不均！有人恆在白晝金色的暖陽中，有人常在暗夜忍受無盡冰寒。

我們停留在這濱地中海的城才一天一夜，下榻的旅館爲四顆星，有屋頂花園酒吧可以看海，因它和海僅隔著兩條街。我曾和來自世界各地的旅人去觀大海，不但看到很多人在水中載浮載沉，還看到不少上空女郎，她們和男人一樣的祇穿一條游泳褲，不穿上裝甚至胸衣，對於東方的觀光客來說，竟也成爲觀光的一景了！然而她們神態自若，既不忸怩，也不招搖，但免不了的，這些「裸的天使」會成爲人們偷偷攝取的鏡頭。沙灘上雖然人滿爲患卻絕不嘈雜喧囂，也沒有一大堆果皮紙屑或汽水空罐頭甚麼的，仍舊是一片柔細的沙灘，無比蔚藍的海水和金色亮麗的陽光，任人留戀徜徉，消此長夏。

除此以外，尼斯商店的櫥窗有別具一格的美，我們的旅社——阿斯頓大飯店（Hotel Aston），就位於商業區的中心，一出大門，向左，向右甚至後方都是商店。有書店，有鞋舖，有服飾店，還有珠寶手飾舖，幾乎每一家店面都有大幅裝飾櫥窗。那些櫥窗除了有商品宣傳作用外，更是一幅幅美的呈現，格調至爲高雅，顯然經過專家的手設計。老實說，自己好不容易來趟歐陸，是踐覆一個久久的夢；而我也早就估計過自個兒荷包的重量，因此立定了主義，此行決不將自己有限的幾張鈔票，去填那購買慾望的大海！更何況尼斯城內，別墅中多的是富翁，商店內多的是奇珍異寶，供需兩相宜；而我對於那些精心設計的櫥窗，祇作了一番純粹的美的觀賞，竟也感到了滿足，又何必吃力地去增加行李的重量。

尼斯也有中國餐館，而且還不止一家。今日午晚兩餐都在我們中國同胞開的「廣東樓」用餐，這都是旅行社預先安排的。本來以爲到了法國，旅行社無論如何當會讓我們嘗一次眞正法國口味的，誰知連一次也不曾有過。不但在尼斯時無緣，即使後來到了巴黎，也是頻頻進出中國餐館——只有一次例外，那是在麗都夜總會看表演，晚餐包括在表演節目的費用裏，雖名爲香檳大餐而讓人唯一感到名實相符的也只有那半瓶香檳酒（規定每兩人共一瓶）了。當然此來主要是看表演，麗都是巴黎最大的夜總會，節目之精彩，舞台之豪華自不在話下。可是那頓晚飯——我們在法蘭西所吃過的唯一一次西餐，也不見得較別的歐洲國家的西餐多有滋味。還不是乾硬的麵包，半隻爛雞，幾塊洋芋，一點點青豌豆而已。至於那麗都夜總會表演的是如何精彩，因已在另外的文章寫過，此處就不再多贅了。

蕪　地

張拓蕪

張拓蕪（1928～　）安徽涇縣人，讀過小學，進過私塾，十六歲參加國軍，十七歲當「代馬輸卒」。曾獲國軍文藝金像獎第一屆詩獎、廣播金鐘獎、文復會散文金筆獎、中山文藝獎、國家文藝獎、國軍文藝金像獎特別貢獻獎等。

著作有：《代馬輸卒手記五書》、《左殘閒話》、《坐對一山愁》、《坎坷歲月》、《何祇感激二字》、《我家有個渾小子》等。

蕪地

張拓蕪

蝸居后山居屋後有一塊大約七八坪的畸零地，剛進住時也曾種過幾畦空心菜、小白菜之類，收成不惡，小白菜它們長得既快速又生猛，吃不完還裝了一袋袋送給左鄰右舍認識的鄰居，值不了幾文，但我的心意拳拳，鄰居的老先生老太太們都面露懷疑神色：「你種的？你自己種的？眞不簡單！」聽了這幾句就禁不住陶陶然地樂呵起來，自己都感到滿臉的得意；雖然送菜給鄰居是敦睦邦交，拉拉感情，但骨子裡總有幾絲炫耀成份。一則此地地形特殊，一樓與三四樓壁立懸空，後園只有二樓住家有；二則表示我這殘老頭還未完全殘廢，還能自己照料自己生活，而且還能行有餘力地種些小菜，表示自己雖然老了殘了但還未全廢！

生平一向低調，不與人爭，厭惡炫耀，怎的到暮年衰朽殘廢，反而萌生了這種前大半輩子都不屑的心理呢？大概是前幾劫輪迴中殘存的劣根性又冒芽了罷！？

然而好景不長，我的炫耀的毛病最後竟偃旗息鼓了。

以前還能蹲，後來關節炎嚴重，膝蓋不能彎，以前是蹲著用小十字鎬（一端是扁扁的鋤頭、小端是四爪的釘鈀）挖土、開地、整地、挖洞、平復等等都是蹲著幹活。膝不能彎之後只好哈腰，但哈不了三五分鐘便腰痠背痛，喘氣如牛，掙扎著老半天直不起腰來，最後不得不服輸，頹然放棄。

大地應該長些東西的，它既不能生長嘉禾五穀、鮮花蔬菜，那就長草罷，野草是天生天養的，它不須人工播種、施肥、灑水，不須經營照料，它自會長得茂盛蔥鬱，一派欣欣然。不旋踵間，黃土土的地上冒出一層半寸高綠油油毛茸茸的綠帶嫩黃的地毯來，煞是誘人！很想躺下去作幾個懶驢打滾、舒展舒展筋骨，無奈我躺下去了卻爬不起來。

再過十天半個月，它們已及腳踝，枝幹已堅實如柴枝，葉子從嫩綠轉成墨綠，很神氣很昂揚地站在那兒，頗有想成爲一棵樹的企圖心，無奈它們終究是草本，草本通常都一年生、二年生，一歲一榮枯，終究成不了一棵樹，尤其成不了一棵蒼松翠柏般的千百年大樹，天命使然。

但它們即使是一棵卑微的野草，也活得有滋有味，欣意盎然，不自卑、不氣餒、不打混，安安份份地自己活自己的，給我們人類的啓示頗多，但我們自以爲偉大、了不得的人類，卻很不屑地去瞄它們一眼。

后山居寒舍常有老友來串門子，因爲屋子是長條型，無甚格局地一通到底，後面是一小山丘，不甚足觀卻綠蔭蔥鬱，往往會不自覺（或者好奇）走過去看看，這一看，可不得了，立刻引起騷動，包括建議、批評、不值、羨慕、惋惜、籌畫、設計等紛至沓來，有的甚至變成了訓斥、叱責和詈罵，弄得我這主人頗爲難堪、侷促。禮貌上我得概括承受，照單全收，人家都是好意，你怎可當面拂逆反對！有的說：

「老張呀，你擁有這小塊後園，眞是福氣，應該好好開一開整一整，向後延伸幾尺，彎彎扭扭的畸零地沒關係，因勢利導，利用地形地物，那較高的土堆，就順勢作個假山罷，弄些咾咕石來，用水泥黏一黏，就自然形成了，那棵筆筒樹，和那棵瘦瘦的叫不出名字的野樹，是現成的幫假山站崗的哼哈二將，一胖一瘦、天然成趣，至於這棵綠蔭如傘的柚子樹，則更是這後園的主題景觀。假山下鑿一個水池，用石頭和水泥砌一砌，注上水，可以養幾尾魚，當然五色斑斕的錦鯉最好，但你養不起也不會照顧；就養本土的吳郭魚吧，土土的，賤賤的，你既養得起，也配合你的身分，相得益彰。

做個圍籬，自成一個隔局，圍籬不用磚石砌，不用鐵鑽之類工業產物，就栽一條用矮樹，如扶桑、十里香、夜來香那種，挖一條深溝，把樹枝放下去，掩上土，灑些水就自然解決，一年半載的就能成爲一道綠色的籬。入口處再建個門，不必裝門板，只兩根柱子就好，上端橫著釘板木板，寫上兩個字，曰『蕪園』，你自己寫或找鄰家讀國小四五年級的孩子寫他的『童』體，這樣才能和你荒荒歉歉的蕪園子相配。如果請書法家來寫，對不起，那太窩囊人家了。」

這是最具建設性的，雖然好，我也只能嘴裡唯唯諾諾地應著，心頭卻是馬耳東風。

另一位老友就大異其趣，不但語帶訓斥而且面露不屑，直教我水火煎熬，渾身不自在，但他是我四十年的老伙伴，他也是求好心切，希望我這老友記也能和他一樣完美、高級，然而這怎可能呢，十指伸出也有長有粗有細，怎可等量齊觀！他又說：

縱然你手腳不便（豈止不便而已，簡直無能到家！）鏟鏟草也可以罷，草剛冒出頭時最好拔，最好清除。（我跟他說我不能蹲了，蹲下去人就倒，活像幼兒玩具不倒翁，但我倒下去就彈不回來，拚命掙扎老半天也爬不起，而這一排杳無人跡，即使大聲喊救命，也無人應，有許多家後園未開設門，即使開設了後門，青壯者也都上班上工去了，即使有人在家，也聽到我的呼救，卻也無法進我家門，那必得呼叫一一九來，那「代誌」就大條了！勞師動衆，驚擾左鄰右舍不說，還得破門而入，那是我所不願見、不願做的大糗事。）

聽了我的諸種無奈無能的陳述之後，他終於想起我是個殘廢的老頭，才「啊」了一聲，表示明白我的處境，然後又發表議論：「那就買瓶除草劑來，噴一噴、灑一灑三天就死光光，徹底地斬草除根！」

我不好氣地回敬他說：「你跟這些有仇嗎？幹嘛這麼狠心！再說，我就住在它們邊上，毒死了它們，不也毒了我自己？也間接地毒了鄰居，鄰居們和我相處得很好，常常幫我的忙，我豈能忘恩負義地去毒死他們！」

他理虧無語，我有一擊而得的勝利喜悅，然後去泡茶。他兀坐著無聊，忽然又冒出幾句：「老張呀，你也眞走狗屎運，三四樓沒後園是天經地義的，居然住一樓的也沒，反而給你這住二樓的撿了個便宜，這個便宜給別人撿了也許可以發揮一點作用，落在你老兄身上卻十足地暴殄天物，豬八戒吃人蔘果，可惜呀，可惜！」

對這位仁兄一再的批判和不屑頗不易接受，即使我已坐七望八之年，脾性早磨得光滑圓潤，然而泥人兒也有三分火氣呀！我不好氣地回敬幾句：「你住十幾廿層的豪華大樓是你的好命，我住我的傳統老式公寓是我的賤命，老批判個沒完，還語帶譏諷與不屑！我猜不透你老兄是羨慕還是嫉妒，若是前者，願意和閣下交換；若是後者，那我要學一句最近電視上最熱門的政客的話：『我就是命好，我就是有這塊空地，我高興讓它荒蕪著，你要怎樣！？』」

當主人的怎可待來客如此態度，太沒禮貌了！實則我受的這些揶揄、奚落、訓斥、不屑太多太重，已經快承受不起，才熔漿般地噴激而出，而這位仁兄已來過舍下兩次以上，每至必批，當著我的面批也就罷了，背後也說我空擁有這小塊空地荒著蕪著也不值。自以為他是我張某人的「知」友，其實壓根兒不知，我一個既殘又老的衰朽老人杵在他面前他視而不見，卻對我的這塊小荒地情有獨鍾，人前人後地議論不完，我的發作是忍無可忍下的產物。

另一老友怕我們鬧僵，趕緊說一件不相干的社會新聞岔開，讓雙方的火氣暫時降溫。這我才有心情下廚弄菜，簡簡單單地吃了頓午餐，飯後他們本來要走，為表示歉意，我這做主人的強留他們坐下來，我重新泡茶，談些輕鬆的往事，只是千萬別再碰這主題。

自從搬到這兒來，自從有了這一小塊後園，困擾便一直如影隨形地跟著、纏著，多是批判性的，如前面這位；有的雖語帶同情，其實骨子裡還是貶抑，從來沒有與我站同一陣線，和我同鼻孔出氣的！（除非他是「神經」病，頭殼壞去！）想起來頗為鬱卒、甚至有些微的忿忿然：他們怎麼不看看我的殘廢情況愈來愈嚴重？看看我的衰朽老邁愈來愈急驟！

到後來，慢慢地疲了，也「皮」了，不大在乎了。自己問自己：是不是哀莫大於心死？

想想也不全然，既已心死，便心如槁灰，爲何有人誇講兩句便滿心悅然起來？顯然是患了人類「聞過則怒，聞誇則喜」的通病，我一介凡夫，自不能例外。

多少年來，褒褒貶貶的話聽了一「拖拉庫」，但我皆是馬耳東風、過了就忘。但其中有兩位朋友的話，雖短短數語卻勒石刻碑般地鐫在腦海，永不磨滅。

一位說：你的後園荒蕪，從命理學上看是命中注定，否則字典裡成千上萬的字，哪個不好用，偏偏選了這個蕪字？眞是「是前生注定事，莫錯過良緣。」我一時尚未弄清楚他老兄此話是褒還是貶，陡然間轉不過彎來，反正如今心境已近似止水，褒貶都不在意了，不管正反我都衷誠感激。人家關心你，人際關係還不賴嘛！

這一生（活到七十有七，雖未蓋棺亦可以定論矣）從不相信命理，一生中只順便看過一次算命師，是住在新生南路大水圳邊上的盲者陳慶餘（能記住他的大名是和我的老台長陳餘慶同名同姓，只其中兩字顚倒了的，是以印象深刻）。是老奶媽聽了鄰居老太太說的「奇準」，長輩要去拜訪，要算算流年，要我作陪，老人家算完，順便也給我算算，我雖不信，卻未免好奇，反正卦費不由我付。

結果他說的我半句也未聽懂，不是玄奧而是主題不明顯，以後就堅決不信這一套了。

我這位老友說的「命中注定」，在腦際倏忽閃過：他的說法與衆不同，另闢蹊徑，但僅點到爲止，下面從缺了，沒個究竟，倒有些微微的失望。

另一位則說：蕪字取得好，雖然底下有把火，但你四平八穩地坐著，態度安適，神情雍穆平和，比陶淵明沉得住氣多了！

——怎麼能和陶老夫子相提並論？

你當然不夠資格和陶老夫子相提並論，但他是個急驚風，你是個慢郎中，他當了八十來天的縣太爺，一想到故園的田地長了一層毛茸茸的草，便緊張得趕緊打包收拾，縣長不幹了，因爲田園將蕪，胡不歸、胡不歸。

那個將蕪在你老哥眼中算得甚麼，野草長得過了腳踝，過了膝也毫不在意，吩咐梅花自主張，隨它去、隨它去！

老張呀，你的這份處變不驚的修養功力，陶淵明萬萬不及，當然，他的學問道德天份，你也萬萬不及！各有所長，各有所短。

對我後園的批判與隱而不言（不忍也不屑）不下十幾二十回，但我記得的就這兩位的嘉言，連他們說話的神情與姿態，我都能清晰地描摹出來。

聞過則喜的人究竟不多，我是不多中的極少數，那得賢或聖的境界才能擁有的修爲功力，我哪能！

我兒望天

詹 悟

詹悟，浙江青田人。民國18年出生在南京市。46年高等考試及格。國立中興大學外文系畢業，國立政治大學公共行政研究所畢業。曾任台灣省政府教育廳督學，省立彰化社會教育館館長，國立空中大學講師。寫作五十餘年，榮獲「文壇」月刊中篇小說「珍珠姑娘」第二名（第一名缺），「中央月刊」短篇小說「母親的心與黃昏的燈」第二名（第一名缺）。國軍文藝金像獎短篇小說金像篇、銀像獎、中篇小說銅像獎、佳作；青溪文藝短篇小說金像獎二次、銀像獎三次、佳作多次。中興文藝第七屆散文獎。

出版有散文「母親的夢」、「父親的書房」、「黑緣」、「敏子」。遊記「青山多嫵媚」、「夏天裡過海洋」、「出國出洋相」、「哈多巴士遊東京」、「山水汗漫遊」。書評「好書解讀」、「風簷展書讀」。小說「羊莊」、「最大的船」、「誰來帶我」等。

我兒望天

詹　悟

我兒望天，出生於一九六一年八月十二日。他生來可愛，一個圓圓小臉，當中一對又黑又大的眼睛 嵌著一張紅紅的小口。我的一生沒有什麼值得告慰的，唯有孩子的可愛，引爲自慰。有一天我抱著他上菜市場，孫子伸手去抓住一位小姐的髮辮，她怒目回顧，看到是一個孩子無邪的笑臉，她怒容驟斂，嫣然一笑，低頭對她身畔的男孩說「是一個天眞可愛的小孩子！」

一九六二年九月，望天週歲斷奶（母乳），自能飲食走路，忽然瀉肚，醫生診斷爲腸炎，服用綠黴素糖漿，仍會瀉肚，只要有東西吃下去，立刻會排出蛋花似的糞便。這樣過了十幾天，孩子顯得十分瘦弱。一天中午，有客人來，我放下懷中抱著的孩子，他竟不能站住，倒在地上，甚至於也不會坐了。

那年小兒痲痺流行。教育廳醫務所裡的女醫生，用木槌敲敲小孩的膝蓋，有神經反應，認爲是腹瀉太久，身體虛弱，於是給孩子注射肝精，複合維他命。三個月後，孩子的臉紅冬冬，身體十分健壯，只是雙腿軟軟的。我們立刻到台大醫院求診。醫生亦用木槌敲敲小孩的膝蓋，沒有了神經反應，斷定是「腹瀉性輕微小兒痲痺症」。

我的天，我的孩子變成爬蟲了嗎？他整天像一隻壁虎，靠著膝蓋，拖著兩條無力的小腿地上爬。哦！我情願自己在地上爬一輩子，也不願看到孩子在地上爬。

這種病藥品治療不一定有效，還要靠物理和心理治療。那時最有名的西藥是「阿配龍」，針藥一盒廿支四百元。我的薪水只有七百元。妻爲照顧孩子辭去工作，我們常用熱水浸孩子的雙腳，施以按摩，作腿部物理治療。又聽本省太太告訴我們，有一種秘方，海裡出產七個孔的鰻，名叫「土龍」，治療痲痺很有效，但是很貴，一兩要二十元，一條要一百多元，而且不容易買到眞貨。還是托鄰居太太向鹿港訂到的。「土龍」細刺很多，妻蒸熟後先剔除細刺。曾看到一位八、九歲的女孩，腿細得同我孩子一樣，但是她能走路。相詢之下，才知道她也是小兒痲痺患者，他父親用蛇粉給她吃，治好了她的病。於是我也買蛇粉給孩子拌稀飯吃。

以我的薪水，實不敷孩子醫藥費的支出。同學周少左，時任新生報特派員，替我出主意，將我在報章雜誌發表過的文章，出了一本書教叫「敏子」。蒙各方朋友解囊購書，得以濟燃眉之急。

爲了怕孩子雙腿肌肉僵化，我每天從霧峰搭公車，背著兒子到台中市綠川針灸，只要孩子能好，什麼苦我都願擔當。

孩子發病經過一年，才會坐起來，第二年才會站，第三年才會慢慢走路。

我們又帶他到台大醫院外科求診。主治大夫摸摸孩子的膝蓋，診斷骨骼已經變形，要我們下午二時到重建部門掛號，準備給孩子開刀整形，或是戴上腳架整形。

主治醫師黃中生，詳細問起孩子的病史，我都懷著祈禱的心情答覆他。然後他逗著孩子，要他自己走。我眞高興，孩子望著助理醫師手中的糖果起步，也在醫生的指示下站起，躺下、翹起腳來。

黃醫師說孩子的病不嚴重，膝蓋骨雖有變形，腳的彎度是10－12度，目前不須要開刀，也不須要穿腳架。最主要是幫助和訓練孩子走路，慢慢的恢復他已失去的生理機能。

以前在電視「大千世界」節目看到台北傷殘療養院小兒痲痺的小朋友，支著腳架在表演音樂，眞是令人羨慕。我自費去訂做腳架鞋。這種用鋁製的活動腳架，一直綁到大腿；可是碰到路面不平，他走的好好的，忽然仆倒。聽到他的膝蓋和支架碰到地面清晰的聲音，我的心中有說不出的痛。爲了孩子的好，我們從不扶他，讓他跌倒自己爬起來，顚巍巍的又走，雙膝滿是創痕。

孩子要入學了，他就讀的僑光國小，就在住家後面三百公尺。通過田畦小路就到。每天早上，他拐著雙腳，背著書包，走田埂的泥路。跟哥哥一起上學，我們只是跟著，看他自己走路，跌倒也不扶。

孩子每天放學回家，首先會自動做完功課，再出去玩。四年級時，妻認爲孩子的功課很好，堅持要轉學台中市大同國小走讀。我家住在霧峰郊區甲寅村，坐公車是中途站，上車的人很多。他艱難的由哥哥協助，上了車，要站卅分鐘到台中火車站，再走一個小時的路到大同國小。

台大醫院復建科建議孩子在十二歲時，才可開刀糾正筋骨；可是另一位醫生，建議我不要開刀。他說：孩子會走路了，最好不用開刀，因爲開刀的手術，並不是百分之百的成功，萬一失敗，連走路的機會都沒有了？

那時，台中美生慈壇社是一個國際慈善機構，委託八〇三醫院免費爲小兒麻痺者開刀，還供應住院伙食和一切費用，連手續後肢架，都免費供應。

開刀日期排定在他小學畢業後。一九六三年六月十七日考試，十八日住院，執刀的是骨科主任靳大夫，是我三子笑天車禍骨折的手術大夫。靳大夫的手術，應該可以信任。可是另一位醫生的話，一直令我擔心。但我實在不願意孩子站不起來。開刀後避免骨骼變形，孩子是穿著肢架睡覺，一年以後，才能除去肢架，他的膝蓋已經像正常人一樣向前彎，只是舊傷和新傷累累。

國小畢業，他走讀大同國小附近的光明國中。國中畢業，他以優異成績考上省一中。按規定他是可以免除軍訓和體育，他堅持要和其他同學一樣參加訓練，不願例外。

大學聯考，他的志願是學醫，將來要當一個小兒痲痺科的醫生。但是有人說：小兒痲痺科的醫生也是要開刀的，你的腳在開刀房一站好幾個小時，並不適合。

他只塡了二個志願，醫學系爲第一志願，第二志願是藥劑系。因爲他跟著老師到阿里山旅行，愛上了遍山的草藥。

我們勸他多填幾個志願，他就是不聽，一副很有決心的樣子。聯考放榜，他的分數是在牙醫系，他沒有填，只有考上中國醫藥學院藥劑師系。

沒考上第一志願，他當然要重考，他去補習班補習。第二年重考，他還是填兩個志願，又是考取第二志願——中國醫藥學院藥劑師系。我怕孩子受到打擊，我說你的學力能力，二次考試的分數幾乎相同，你已盡力了，讀藥劑不是很好嗎？你可以從中國的草藥中，提煉出救人的新藥來，一樣可以救人。

那時一張藥劑師的執照，可以租給別人開中西藥房，租金是五、六萬元，很吃香。他畢業後，到製藥廠去做製藥工作，每天從國外進口原料來製藥。這和他想做藥性研究工作是二碼仔事。中國醫藥學院附設醫院招考藥劑師，他以第一名成績考取，但醫院認爲他小兒麻痺的腳，不利久站，以第二名錄取。兒子失望至極，從小建立起來的信心，對殘障者的人格尊嚴受到致命的打擊。我向中國醫藥學院董事長陳立夫爭取。醫院招考時沒有在招考簡章上規定小兒麻痺者不得報考，考取後理當任用，何況他像正常人一樣行走自如，又不靠支架，不影響工作。我兒又是本校畢業生，竟受到母校的歧視，深重的打擊一個年輕人信心和前途。

陳立夫先生的回信很快來了，通知望天去報到。我的兒子認爲這樣人格受到污辱，情願餓死也不到中國醫藥學院附屬醫院去報到。

這是二十多年的往事了。我兒先在私人診所當藥劑師。他雖然沒有很大的成就，但他負責盡職，甚至於醫生用錯藥（他認藥性方面，有些藥有副作用，醫生不見得比他懂。）他及時制止救了好幾個病人。後來他自己開業，因爲他的妻子劉美地，故取名「望美藥局」。如今他的女兒就讀台北醫學院三年級，傳承了我兒的志願。

春天、金門、相思樹

孫　煒

孫煒（1930～　），江蘇徐州人。曾任國防醫學院上校副指揮官。曾獲「革命文藝」月刊小說獎。散文〈靜靜的十一月〉被選載於《讀者文摘》。

著作有：《馬援》。

春天、金門、相思樹

孫 煒

春天，是種樹的季節。因此，使我想起了我所種的樹。在臺灣我沒有種過樹，我種樹的時候是金門。在金門我整整住了五年多，如今離開金門已近八年，這一段歲月，前後算起來是十多年了，我所親手栽植的那株在金門的泥土上生根的相思樹，已長得又高又大。「十年樹木，百年樹人」，在我的經驗上，這句話是確確實實的。

前幾天，往日與我在金門一起併肩作戰的友人，給我寄來了一張照片，和一大包金門特產晒乾的煮花生。照片上祇是一棵樹，什麼也沒有。我的友人在照片背面寫著：「你能忘記金門，忘記金門的友人，相信你不會忘記這棵樹，因爲它是你過去在這裏親手栽植的。看！它已經長大了！」看完這幾句話，我的內心有一份慚愧與歉意。這位友人是與我一起去金門的，到現在爲止，他除了來臺灣作短暫的幾天休假之外，從來沒有離開過金門一步，始終堅守在他的工作崗位上。雖然有幾次上級要主動調他回來，他都請求仍留在金門工作。與他比起來，我很慚愧。另外的一份歉意，是我疏於給他寫信，一年中，我們難得的通上二三次信。也許就因此使他對我產生了誤會，認爲我忘記了金門和生活在金門戰鬥前線的友人。

說實在的，我沒有忘記金門，也沒有忘記那些和我一起戰鬥的伙伴。相反的，我對金門卻有著特別的偏愛，那風沙下的田野，田野上所種的小麥與高粱。奔跑喊叫的老黃牛和綿羊，還有那頸上繫著銅鈴的驢子，這一切太像我的故鄉北方了。我曾說過：金門是南方中的北方，是海島中的原野。這是我初到金門的印象，到現在還是不能磨滅。因此，我敢說：我愛金門！

至於那些伙伴們，我更是不能忘記。在共軍的砲火嘶嘯之下，我們戴著鋼盔背著槍，點燃著蠟燭在地下室裏工作，從黑夜到天明。沒有砲戰的晚上，我們在多風的小樓上，一面工作，一面喝冰冷的稀飯，抓一把油花生米和鹹豆腐乾，大家嚷著說這有火腿的風味！我們在辛苦裏工作更在辛苦裏爭取榮譽，讓這一張惟一敵人砲火下出版的鉛印日報，和金門戰鬥的勝利，同時揚名於全世界。這一群生死與共的伙伴們，我能忘記麼？我敢說：我不會！

看著那一張樹的照片，剝著那煮晒乾的花生粒，讓花生香滿我的嘴，也使我憶起了過去在金門那一段種樹的往事。金門是一個多風的海島，每年九月到翌年九月的風，可以和琉球及澎湖的風季齊名。在閩南的各島嶼上，金門的風也是最有名的。它刮起來時並不是一陣陣的，而是連續不斷的狂風，好像萬馬奔騰，聲勢非常驚人。照道理說，在多風的海島上種樹，是一件很不容易的事情。但是，在金門就出現了奇蹟。「綠化金門」是當時戍守金門前線全體戰士一致的理想和信念。於是，在這個面積一百六十平方公里，低緩丘陵多風海島的土地上，凡是能種樹的地方，都種上了樹。由臺灣運去的大批可以抗風的樹苗，相思樹、木麻黃、榕樹、山茂樫、桉樹、千層皮，都經由戰士們的手，一株株的栽植了起來。

在綠化金門種樹運動號召之下，我也栽下了一株相思樹。我所以選擇相思樹，是因爲它的名字富有詩意。爲了使金門的植樹獲得絕對的成功，臺北的農復會還派專門人員赴金門講解植樹的方法。我在植樹方面所得的知識是：樹苗不能栽得太深，也不能栽得太淺。太深了樹苗會悶死，太淺了樹苗不能生根。我覺得這是一種很具有哲學的理論，就根據這種方法，我種下了我的相思樹，不深也不淺，正適於樹苗生存的標準栽植。

在沒有種樹的經驗之前，我不太注意植物方面的常識，在種樹之後，我除了每天注意澆水及矯正生長的歪斜外，更對樹多了一番冷靜的而又詳盡的觀察。我認爲樹對人類是有百利而無一害的。它吸取人們所不要的碳氣，而吐出人所需要的氧氣。它清潔了空氣，阻攔住暴風，防堵了洪水。給人類製造了休息的林蔭，增添了大地自然生機的美麗。替禽鳥搭蓋了棲息的巢窩，又爲人類準備了建築的棟材。舟車、房屋、傢具、那一樣都少不了樹。它的用途太多了，說也說不盡。

如果說高山是大地的城堡，那麼挺拔的樹幹與枝葉，就是大地飄揚的旗幟。樹有靜的一面，也有動的一面；樹梢在微風中的搖擺，那是代表恬適與安詳。在暴風雨來臨的時候，它挺直了腰桿，發出了吼聲，向風、向雨、搏鬥！看樣子，它好像是跳熱門音樂中的恰恰、扭扭、搖滾和曼波，其實它是在狂暴的風雨裏，作生死存亡的火熾戰鬥！等到風收雲散，雨過天晴了，奮鬥後的樹，枝葉上還有未擦乾的汗珠。輕輕的抖落，鬆鬆的喘一口氣，在陽光下，在微風裏，樹恢復了生命的昂揚，它安適的，快樂的，試跳著芭蕾舞步。

樹是人類的最好榜樣了。堅硬強韌的樹身，柔軟溫和的枝葉，有倔強的驕傲，也有柔和的謙恭。樹給予人的是一個啓示，教我們該如何的去做，那就是「堅強的時候剛硬，柔和的時候謙恭。」

由種樹我瞭解了樹，由瞭解我領悟了樹的啓示。

就在我種樹的那年，我的第一個孩子靜兒在金門誕生。戰鬥、工作、栽培樹、養育孩子。看著樹長高，看著孩子長大，在樹身上我刻下了孩子身高的紀錄。我有栽樹人的喜悅，也有做爸爸的快樂。第二年，又生下了君兒，於是，在我栽的那棵相思樹下，二個孩子在學步了。

在金門，滿山遍野都是一片樹的蒼綠。在風，在砲火下，樹艱苦的成長。艱苦可以使一個人軟弱的倒下去，但是也可以同樣的使一個勇敢的人更強壯。金門的樹就是這種環境下成長的。

爲了工作上的需要，我曾經對全島的樹作了一次普遍的巡禮。我駕車行駛在平坦的金門中央公路上，二旁整齊的樹木像受檢的列兵。古崗、舊金城、南磐石、魯王墓、寶月重華、虛江嘯臥、太武山、風動石、倒影塔、古石室、海印寺、蟹眼泉、石門關、蘸月池、太文岩、莒光樓、無愧亭、西園鹽場、武夷水閘、雙鯉湖、料羅疊浪、古寧碧血、翠谷蓮塘。金門島上所有的名勝古蹟，都有了樹的點綴。本來是一個光禿禿的荒涼海島，現在已變成了一個海上公園。奇蹟是人類創造出來的，樹在金門島上長起來了，樹在金門島上生了根。

在夕陽西下時，平靜無砲戰的黃昏，在二旁相思樹夾道的小徑上，我曾和友人乘坐著具有金門特殊風味的原始性交通工具鴛鴦馬，一邊坐一個，一瓶九龍江酒廠特選的七十五度的高粱酒，二人輪流的喝。從晚霞滿天的時候，在馬蹄得得的聲裏，慢慢的走，慢慢的喝，一直喝到月亮高高的掛在相思樹梢，才掉轉馬頭歸來。望著月亮，趁著酒意，高歌一曲戰鬥中的閒情，馬蹄踏著小徑上滿地的相思樹影，此情此景，是詩也是畫。

樹是向上向高長的，金門的樹，是在共軍的砲火下壯大的。長高的樹，是戰鬥金門島的旗幟。樹，是金門島堅強的象徵，這表示戍守在金門的戰士，戰鬥中建設，我們要把金門島變成一個戰鬥別墅，一個充滿樹的蒼綠的戰鬥公園。綠色代表戰鬥，絕色代表蓬勃，綠色含蓄著生命，有絕色的地方就有春天。一片綠色，金門島上永遠是春天。

從空中的飛機上俯瞰，從海面的甲板上瞭望，金門島上的樹遮蓋了黃色的土地。樹葉飄拂著，樹枝擺動著，那是對黑暗鐵幕自由的召喚。無數的義士，從海上，從空中，都以金門島的樹爲自由的指標投奔過來了。樹繁榮了金門島，樹溫暖了嚮往自由人們的心。

金門島被樹裝飾得美麗了！記得菲律賓「前驅報」副總經理烏拉地，到金門前線參觀歸來說：「金門不僅防禦力量堅強，而且是一個值得觀光的美麗地方。」他建議我們政府，在光復大陸以後，應該把金門列爲一個觀光區。

金門、樹、友人！這三位一體，我永遠也不會忘記。照片上的那棵我手植的相思樹，比我離開金門時長得更高大了，看著它，使我有回憶不盡的金門往事。

春天，是植樹的季節。在我的庭院中，我準備再種下一株相思樹！用它來表示我對金門，以及對金門友人的懷念！

姿貌種種

張騰蛟

張騰蛟（1930～　）筆名魯蛟，祖籍山東。寫詩，又寫散文。從事文藝創作五十餘年，著有詩集《時間之流》、散文集《鄉景》等二十三種。有《諦聽》、《溪頭的竹子》、《那默默的一群》等七篇散文作品先後被選入兩岸三地國中至大學的國文教科書。十四年前自行政院新聞主任祕書任內退休。現在是文藝協會和新詩學會的常務理事，爲期已長達十年。

姿貌種種

張騰蛟

農人們的姿貌是多種的，出發有出發的姿貌，耕作有耕作的姿貌，小憩有小憩的姿貌，晚歸有晚歸的姿貌。每一種姿貌都有其豐富的內容，都有其獨特的風格。

出　發——

早晨，是一段被衆人們讚美的時光，可是，眞正能夠擁有並享受這段時光的，恐怕只有農人了。他們常常搶在太陽之前而走向原野，他們往往是掇拾第一串鳥聲和嗅聞第一縷花香的人；他們也是吮飲第一滴雨露和撫觸第一攤翠綠的人。不談別的，就憑這些他們便是很夠富有的了。

農人在破曉時分，快步走向田野的那種姿貌是令人欣賞的。翠綠的山野和肥沃的田畝，在等待著他們的投入，他們便懷著一份鮮明的希望走出家園，頭抬得高高的，腰桿子挺得直直的，大大的步子把沉睡了一夜的田間小徑踩得笑了起來，那種姿態多多少少像是一個赴戰的勇士。這個時候，他們的視線往往會探向被濃翠給染綠了的田間。雖然正在出發，但是，他們卻已經隱約看到這一天的面目，這將是一個豐實而瑰麗的日子。

耕作——

原野上，農人們征服了泥土，也駕馭了泥土，在農人的面前，所有的田野都變得很溫馴。不過我們可以想像到，這些原野曾經都是荒蠻的，這原是石頭們的天下，雜草雜木的天下，可是，幾經拚鬥之後，石頭和草木都輸給農人了。

不過要想土地給你收穫，還並不是如此順利的，除了征服它和駕馭它之外，農人們還要把他們的仁慈和愛心交給種子交給禾苗。有一天，我在一大片稻田裏看到一個農夫，以一種母親對嬰兒餵乳的姿勢，在愛撫著幾棵綠嫩的秧苗，當時我就奇怪，對於這一大片稻田來說，這幾棵秧苗是微乎其微的，又何必對它們作如此的付出呢？後來我終於明白，別看這一片一片的稻子，幾乎都是農人們用這種方式養大的。

看農人躬腰播種的那種姿勢，會給自己帶來一些警惕，會讓自己警覺到，如果要想收穫，除了播種，別無其他的選擇。看農人收穫莊稼的那種姿勢，會分享到他們的喜悅，也會讓自己體認到，之所以收穫，是因爲曾經播種過，曾經培育過。

小憩——

那農人從田中馱著重重的疲憊走了出來，走向田邊一棵茂密的樹下，然後，以一種人類非常原始的動作坐了下來。我說人類非常原始的動作，是指他那種豪邁粗獷的姿勢。一般人，當他要找一個地方坐下來的時候，他一定會本能的對這個地方作一番選擇，然後，可能要找一件東西把他將要坐下來的那個地方作一番象徵性的拂拭，以免弄髒了他的衣服。農人沒有，沒有理會這些，那樣子好像是整個的大地就是屬於他的一張床，沒有一個地方不可以坐臥。坐了下來的農人，立刻便浸潤在一片悠然中。可以看得出的是，這個時候，他並沒有眞正的閑著，而是忙著在補充新的力量。等他重新走向田間時，馱來的那一身疲憊，便卸在那棵樹下了。

返——

農人們晚歸的時候，常常都是馱著一大片暮色。事情就是這麼奇怪，凡是馱著暮色歸來的農人，看上去就有一種豐盈的感覺，有一種成熟的感覺，因爲他們不折不扣的把一天的時光，都交給了田野，交給了莊稼。

他們用辛勤和愛心充實起來的日子是瑰麗的，是輝煌的，每一個日子就像是一粒珍珠。我最愛看晚歸的農人，踩過那條小徑走過那條小巷的景況，只要是他們走到這條小徑上，小徑就被充實了起來；一種幾乎可以嗅到稻香的充實。只要是他們走進這條小巷裏，小巷就會成熟了起來；一種幾乎可以窺見到纍纍稻穗的成熟。

看到農人出發的姿態，我就會聯想到一片青茂的綠野；看到農人晚歸的身影，我就會聯想到一些豐盈的穀倉。

一個永生難忘的年

麥　穗

麥穗，本名楊華康，從事森林工作 30 餘年。曾主編過《林友》、《勞工世界》月刊及《詩歌藝術》等。現為中華民國新詩學會理事，中國詩歌藝術學會副理事長。曾獲頒文藝協會文藝獎章、中興文藝獎章、詩歌藝術創作獎、詩教及詩運獎。

著作有詩集：《鄉旅散曲》、《森林》、《孤峰》、《荷池向晚》、《麥穗詩選》、《麥穗短詩選》、《追夢》、《山歌》。散文集：《滿山芬芳》、《十里洋場大世界》、《談年、過年、迎新年》。論評集《詩空的雲煙》等。

一個永生難忘的年

麥穗

每當寒風凜冽，歲暮冬殘的時節，遙望隱隱約約的遠山，就會想起很久很久以前，在深山叢林中那頓孤寂無奈，卻又充滿了戲劇性的歡樂年夜飯。

記得那時候我還是一個二十剛出頭的大孩子，但卻已經單槍匹馬地離鄉背井，流浪到了台灣來了。好不容易找到了一份工作，卻被派到一個林班的伐木區中，整年在深山中與一群伐木工人為伍。伐木區雖然遠離城市，但因為工人眾多，寮舍零落地散置在山坡間，加上管理單位、包商業者、供應站福利社、食堂澡堂等等，形成了一個小小的社區，收工入夜後也蠻熱鬧的，但是一到年節這裡的那份盛況就暫時消失了，出門在外的勞動者最注重年節。尾牙一過都收拾行囊，下山返鄉與家人歡度年節去了。這時候這裡又恢復了山林應有的那份寧靜，但是這份突然出現的寧靜，會使人感到絲絲的寂寞。

過年，本來是國人一年中最重大的節慶，只要一入臘月，大家都忙碌著以歡樂的心情準備過年了。可是對於一個有家歸不得的異鄉遊子來說，卻是一年中最難過的時日，所謂「每逢佳節倍思親」，這時鄉愁感懷一起湧上心頭，那有歡樂可言，往年都會有些好心的同事熱誠地邀請我下山，和他們的家人共進年夜飯，以慰遊子之心。但是在我心中總會有著一層被同情憐憫的陰影，沖淡了年節的歡欣，何況過年時又不能太打擾人家，早年的城市除了幾家設備簡陋的電影院，實在找不到更好的消磨時間的場所，呼吆喝盧，飲酒猜拳都非我之所好，於是年夜飯後也只好窩在小旅館裡發呆（那時還沒有電視）。而更使人傷腦筋的是第二天正月初一，連吃都發生了問題。說起來大家可能不會相信，難道在新年裡還愁沒有吃的？的確這是事實，因爲各行各業，在忙了一整年之後，春節是他們難得的假期，老闆伙計都要休息，於是排門一上，一張「恭賀新禧」的紅聯一貼，就告訴你這幾天不做生意了，因此有時候跑了好幾條街還見不到一個麵攤飯鋪之類的。這時眞會後悔下山來自尋找苦惱。但是山寮裡連煮飯的歐巴桑都回家過年去了，留在山裡好幾天的假期又如何去度過呢？

又是一個年關逼近了，吃過尾牙後，眼看工人們又挑起行囊紛紛下山了。心中泛升起一股隱隱的憂慮。下山？還是去買點菜留在山上？正在猶豫之際，有一位伐木包商跑來找我介紹一個可靠的人給他們「顧寮」。所謂「顧寮」就是在春節期間，大伙兒都下山了，要留個人看守。雖然山區工寮無什麼値錢的東西，但是，爲供應工人們生活必需品的福利社、供應站裡還是有些存貨的，又何況辦公室裡還有賬册單據等等事務用品，萬一宵小歹人乘虛而入，以及獵人山胞升火取暖不愼引起火災等，不得不予顧慮。因此山場作業工寮是不允許「放空營」的。往年這個任務都是在他們自己的員工中挑選的，這年正好該區林班作業已近尾聲，尾牙以後多數員工都已遣散了，所以想在其他林班中找個可靠而願意留守的人，這是一個難得的機會，我就毛遂自荐，願意留在山上替他們「顧寮」。當然商人是求之不得感激不盡的。

包商在臨下山前，意外地給了我一個豐厚的大紅包作壓歲錢，當然他知道我不會向他們計較代價，所以一個紅包既算年俗禮節，也可免去欠上一筆人情債。另外他們也採購了雞鴨魚肉等豐盛的年菜，名義上是祭拜山神土地，實際上也是給我留著享用的。

除夕那天，最後一批人在拜完神燒完香後也下山了。這時我頓覺這座山似乎我一人所有，但也感覺到此刻山林中是難得的一片寂靜，平日的鋸聲斧聲倒木聲統統沒有了，偶爾傳進耳朶裡的卻是風聲和鳥聲。徘徊山徑，眼前卻是一片狼籍的伐木跡地，殘枝倒木滿地瘡痍。整年生活在伐木區的我，竟然到今天才發現人類竟自私殘忍到如此程度。面對群山心中泛起無限歉疚，如果斧斤不入山林，大地應該會更美麗的，我想。

當天邊出現了三兩歸鳥，暮靄漸漸罩向山巒時，我回到寮裡，燃起一盞電石瓦斯燈，隨手扭開乾電池收音機，一陣傳統的鑼鼓喧鬧聲立即給這片寂靜的山區，增添了一份過年的氣息。在土竈上把那些雞鴨魚肉等年菜溫熱一下，開了一瓶紅露酒，準備獨酌淺飲享受這頓孤寂淒清的年夜飯。

突然，工寮外面傳來一陣腳步聲，正驚訝這時刻深山中怎麼還會有人，眼前已出現了三、四個身材粗壯的大漢。只見他們背著籐編的籃筐手牽著狗，心中的疑惑已經一掃而光，因爲在這個山區裡，千百年來到處都佈滿了他們的足印，他們才是這裡的主人，這片森林曾經是屬於他們祖先所擁有，倒是他們見到我一個人獨留山寮，臉上露出微微的詫異，雖然我們彼此並不認識，但我知道他們是對面山巒裡那個部落裡的山胞，他們也知道我是山林工作站的員工。他們一身破舊的衣衫，腰間佩著亮晃晃的番刀。手上提著沉甸甸的獵槍，肩上還有弓箭之類的獵具。像是一群剛從戰場上下來的散兵遊勇，但說話和行動卻是相當的和善。反而是那幾條瘦骨嶙峋的獵犬，極不客氣地到處亂竄亂嗅，要不是被繩子栓著，可能早就跳上桌子分享我那頓豐盛的年夜飯了。

其中一位年齡與我差不多的年輕山胞用流利的國語告訴我，他們在山上打獵已經好幾天了。因爲林班伐木作業的關係，山上的飛禽走獸都躲得更遠了。這一趟除了幾隻小山雞及狸鼠之類，根本就沒有收穫。帶的糧食也吃完了，本來想今天晚上趕回部落的，因爲在半路上遇到一群山豬，就追了過來，可惜天色已暗無法繼續圍捕下去。看到工寮裡亮著燈就過來了。說著把背筐裡的小山雞抓了出來，問我是不是可以換些酒和米。他們準備在溪旁搭個小篷子將就地過一晚，明天繼續追捕那些山豬，因爲天一黑山豬就會就近找一個山洞躲起來，不會走遠的。只要明天比山豬起得早，一定可以找到牠們的。

看他們一臉風塵，一定走了相當長的一段路，而且也一定相當餓了。在那幾隻狗的動作中可以想像得到的。雖然我並不害怕單獨留在山中。但是天一黑後的那份靜，使我感到孤寂。這時候來幾位朋友陪著我吃年夜飯辭歲，眞有意想不到的高興，歡迎還來不及，怎能收他們的獵物來交換。反正這裡大塊魚肉，成打的老酒，我一個人也無法消受得了。於是就請他們入「席」，而這些朋友卻也豪放得絲毫不帶虛僞的客套，一個個坐了下來。頓時氣氛就熱鬧了。

我問他們今天過年怎麼不回家呢？其中一位年紀稍大的告訴我，他們的年已經過過了，今天是平地人的年。原來那年頭山胞除了一年一度的豐年祭，並沒有過年的習俗，豐年祭可能就是他們的年了。當他們知道我是個從大陸來的異鄉人，更顯出一副驚異的神情，其中有一位曾經當過日軍軍伕的中年山胞，顯得特別關心，因爲他曾經在南洋的戰場上呆過一段很長的時光，嘗過離鄉背井的滋味，神情中流露著無限的同情。

夜漸漸深了，山林中的風帶著刺骨的寒氣，衣衫並不厚實的客人，有些難以抵禦了，於是他們在地上疊架幾塊岩石，升起一堆火來取暖。熊熊的火燄中跳躍出一份圍爐守歲的情景。客人個個善飲，看著他們一碗一碗嘟嘟地喝法，也引起了我的豪興，在大家頻頻互敬下開懷暢飲起來。他們嘰哩咕嚕的對話我一句都不懂，幸好有那位年輕山胞作翻譯，互相才能溝通，他說他們都非常感激政府。台灣光復前山胞們受到極不合理的壓制，他們不能自由下山，也不准和一般人一樣接受教育。台灣光復後，他們享受到夢寐以求的平等待遇，生活也有了極大的改善。他說他被保送到一所師範學校就讀，現在是放寒假，所以跟著叔伯們上山來打獵。他又黯然地告訴我，可惜他父親年前過世了，記得他小的時候，不止一次聽父親說，只要蔣委員長來了，我們也和他們一樣有鞋子可以穿了。那時候山胞們看日本人穿鞋子，是非常羨慕的，他父親是部落裡的頭目，曾經在光復當時帶領著族人，代表山胞參加過慶祝大典，他說這不但是他家裡的光榮，也是整個族人的光榮。

說著說著他們突然引吭高歌了起來。只見他們拍掌擊鉢，興奮而忘我的神態中顯得有些激動，當一曲終了。他們告訴我這首山地歌是光復當初族人爲感謝政府而作的。而且台灣首次慶祝光復節的大會中唱過，今晚特別爲我而唱，表示對大陸同胞的感謝。在靜靜的夜裡，歌聲在樹林中迴盪不息，的確使我感動得差一點掉下眼淚。

雖然我們不知道喝到幾點，什麼時候迷迷糊糊地睡著了，但是天邊剛泛現灰白，他們就整裝出發了。因爲他們忘不了附近還有一群山豬等待著他們去追捕。在暖暖的被窩中目送他們走入濃濃的晨霧中，只見他們的身影漸漸淡去，最後與山樹融爲一體，這種無拘束的向大自然討生活的方式，使人既羨慕又嚮往。

當我再度醒來時，只見朝陽像黃金般遍灑在起伏的山上，好一個晴朗的大年初一。帶著絲絲寒意的晨風拂在臉上，感覺得非常舒暢。推開柴扉後的第一件事，是點燃一串長長的鞭炮，立即辟咧啪拉之聲響徹雲霄，也震撼了整座森林，一群山鳥驚惶地從林中竄起，撲翅飛翔在晴空中，隨著迴盪在山間的鞭炮聲盤旋著，而收音機裡充滿著歡樂和喜氣的樂聲，更增添了一份新年的氣氛。我不禁振臂高呼「恭禧！恭禧！新年快樂！」向群山拜年，向大地賀節，這是一個終生難忘的年節。

南部文友遊台北縣北海岸時合影。左起葉石濤、黃碧端、王牧之

半個世紀鳳山過

王牧之

本名振荃，筆名歌風、郡南太史，以字行，原籍浙江義烏市。1930 年 1 月 13 日生，曾就讀義烏中學及省立嚴州中學。1949 年來台，刻苦自修，完成高中及專科畢業，並潛心研習文藝，著有小說、散文、文藝理論、傳記等廿餘種，曾獲多項小說獎、散文獎、詩歌獎。其作品樸實簡練，眞摯感人，迭獲佳評。曾先後擔任台灣時報編輯、智慧雜誌總編輯、高雄縣王姓宗親會總幹事、今日高雄總編輯、青年日報特派記者、浙江義烏市旅台南部同鄉會會長、中國文藝協會台灣南部分會總幹事及理事長、高雄縣青溪新文藝學會理事長、當選台灣省社會教育績優工作者、台灣省優良文藝工作者、入選台北版中華民國名人錄、浙江師範大學版《浙江古今名人大辭典》、及入選《義烏名人錄》、其間並曾參加中韓作家會議、陽明山會談等會談。現爲高雄縣青溪新文藝學會榮譽理事長、台北浙江月刊社務委員。

半個世紀鳳山過

王牧之

我住鳳山，半個世紀匆忙過。

初履鳳山時，市區範圍小，街道狹窄，難得見三層以上的樓房，常見而令人莞爾的是牛車在大街上漫步，男女有一大半是穿木屐的，並有一些人衣衫襤褸，沿街赤腳走路。

在那個兵荒馬亂的年代，物質匱乏，一般居民都是用蕃薯簽煮飯，軍眷子弟有美援麵粉袋改製內衣褲算是幸運兒。

因爲鳳山是陸軍訓練基地，附近的幾個鄉鎮，也都有駐軍營區或軍事工廠的設置，由於鳳山的物價比高雄低廉，距離較近，假日成了阿兵哥休閒逛街購物的好去處，影藝場所更是經常客滿，於是「鳳山三多」之說，不脛而走。

鳳山的三多，最初指的是阿兵哥多，理髮店多，及撞球店多（當時叫彈子房）。其實，理髮店多與撞球店多，與阿兵哥多是有連帶關係的。

台灣光復之初，鳳山鎮只有二萬五千多人。但民國卅八年後，人口成倍數成長；主要是一批又一批的軍隊，由大陸撤遷來台，鳳山和附近六、七個鄉，增加了不少營區、工廠和訓練基地；假日的鳳山街頭，變得熙熙攘攘，熱鬧異常。軍人多，自然也爲鳳山市區帶來繁榮的景象。

鳳山阿兵哥多，帶動理髮業如雨後春筍般的生意盎然，原因是那時軍人只准留三分頭，整肅儀容本就是軍人起碼的要求，何況理髮店的髮姐們都是如花似玉的美少女，多數的阿兵哥每周準時出外理髮一次，或者為一親芳澤，擔任採買和開車的駕駛兵，常三天兩頭去修面、洗頭的，也大有人在。理髮店財源滾滾，在興頭上招徠與營區相近的自由路與王生明路，都出現過三步一店、五步一院，霓虹燈閃爍不停，為那些市街增添幾許誘人的景色。

鳳山另一個隨單身軍人多帶來商機的是撞球店；因打彈子消費額低，計分小姐也多的是穿著時髦的甜妞兒；在這種場所消閒，確實價廉物美，令人流連。其實那年頭打乒乓球是最流行的簡易室內運動，而且也由美少女計分，幾乎每條街都有幾家桌球店，所以也有人說，鳳山街頭實際有四多。

但到五十年代，軍中文藝的發展極為蓬勃，經國先生倡導的「兵寫兵、兵畫兵、兵唱兵、兵演兵」的新文藝運動，由點到面，全面開花結果。而鳳山與別處不同的，還多了三所軍事學校，文風尤其鼎盛，軍中作家也多，漸漸壓蓋了上述三多或四多，成為最引人自傲的一多。

我因進入衛武營軍團部軍報社擔任副刊編輯，與投稿者有密切的良性互動，不少作家都因文學結緣成為互相砥礪的摯友。還值得一提的，自四十年代起，鳳山有個傳統詩社——鳳崗詩社的組織，活躍台面的領導人物，如曾任第三屆高雄縣長的陳皆興先生，側身商界的王傳成先生，詩人畫家陳子波先生等人，都有過筆墨唱和的文字因緣。

民國五十四年我在鳳山成家，因起初是租屋而居，曾在鳳山、高雄五塊厝、大寮等地搬過十多次家，但搬來搬去，還是鍾情鳳山，樂於做個鳳山人。

爲什麼如此依戀著鳳山？我在多年前寫的〈我愛鳳山〉那篇短文裡，曾透露了一些心曲。但最大的因素，還是物價低、氣候宜人，人情味濃厚。

不過，我是個愛管閒事的人，對鳳山常有「恨鐵不成鋼」的執著，如騎樓不通、佔地營業、路霸特多等等交通問題，令人困擾的垃圾處理，影響身體健康的飲水有待改善，不惜放下正常的工作，到處投書，希望能盡一個市民的本分，發揮一點激濁揚清的作用，尤其在六十年代起擔任地方駐在記者，更是毫不保留地振筆直書，褒貶時政，盼能促進政治和社會的革新。

所以，我曾爲三民路的拓寬，水電工程的延宕引發民怨，向水、電公司及中央的經濟部、交通部去函陳情催促，爲垃圾處理問題，向各級主管單位提議，爲貧困的孤兒弱女仗義執言；爲煙害和水污染向衛生、環保單位提忠告等……，類此屬於大衆生活品質提升的事，我都樂於饒舌做承辦人皺眉頭的「雞婆」，而不想做明哲保身的鴕鳥。

印象中最深刻的幾件事，一是民國六十年代末期開始的垃圾處理糾紛，先後二十多年中垃圾大戰烽煙四起，幾無寧日。記得陳景星任市長時，因日益增加的垃圾量無處可掩埋，在屏東頭前溪租到一塊低窪地，半夜偷運不成，約十輛垃圾車被屏東市公所員工擋住高屏大橋上，我曾捨命陪君子，夜以繼日地窮耗了一天，最後敗興而歸。

黃八野主政時，因縣府態度曖昧，與大寮鄉爲山頂垃圾掩埋場使用權發生爭議，懸而未決長達三年。從那時起，鳳山常出現垃圾成堆棄置街頭的髒亂現象；於是「髒亂之城」的臭名，也常呈現在媒體的映象畫面和地方要聞的版面上，讓我這個素以做鳳山人爲榮的小市民，總覺得矮了半截。

鳳山市的垃圾何處去？不僅成了市民揮之不去的夢魘，也是新聞記者寫厭了的話題，主政者因鳳山市地狹人稠，無地可作垃圾掩埋場，到附近的鳥松、大樹、大寮、仁武找地，又因環保意識高漲，處處碰壁。於是在八十年代，今中山公園右前方的鳳山溪畔的台糖蔗地上，赫然出現了一座垃圾山，成爲鳳山市內一個最不堪的新地標。

今天的鳳山年輕市民，可能多數都不知道光遠路中正公園原是一片低窪地，公園北端即鳳山醫院後方，有個原叫武洛塘的柴頭埤，四十年前是鳳山圳調節農田灌漑的蓄水池塘。民國五十三年國內經濟開始起飛，地方建設發展快速，鎭北和赤山一帶因靠近澄清湖，原來種稻植蔗的田地都相繼蓋起了樓房和別墅，柴頭埤失去了灌漑農作物的作用，就在荒廢中漸漸淤塞變小成一個水坑。恰巧鳳山市公所設在鳥松十九彎的垃圾掩埋場飽場，無法使用，這個水坑就被應急塡滿了垃圾。這就是蔡明耀主持縣政時，配合鳳山市把這裡闢建爲中正公園和百榕園，予以綠化的最大原因。

說起我愛管「閒事」，生平最值得安慰的是民國五十四年三月五日陳副總統辭修先生逝世，次日向台灣郵政管理局去建議函，請設計發行「陳故副總統逝世紀念郵票」，曹啓元局長不但立即採納了，並覆函致謝。但這件將近四十年的往事，我從未對人談起過。

我到高雄縣政府行走，緣自六十四、五間，我當選爲中國文藝協會常務理事兼總幹事，重視文人、文化、和文獻整理的林淵源縣長，開始有文字的投契和見面論政的機會，那幾年他深得時任行政院長蔣經國先生及省府主席謝東閔先生的信任及器重，大力著手擘劃興達遠洋漁港、鳳山國父紀念館、鳳中中正體育場（註一）的籌建，我曾就鳳崗路縣立圖書館（註二）遷往國父紀念館、中正體育場朝多元綜合功能發展、旗楠公路與鳳林公路的籌劃拓寬提出一些淺見，他從善如流，並覆函約見，表示嘉許和感謝。

蔡明耀當選第九屆縣長後，他親至寒舍力邀我爲縣府籌辦《今日高縣》月刊，俾爲宣導政令、發揚三山共榮的鄉土文化盡力，並請我參與縣政的諮詢。此其間，我因兼任文協南部分會的總幹事及青溪新文藝學會南部分會的執行秘書，協助陸震廷先生「從鳳山出發」推展南部文藝活動，及社教工作，迭獲省府和中央的肯定和獎勵。但我放下文學創作，爲辦文藝活動奔波，得常之間，眞難衡量。

因自己當時被人認爲是辦文藝活動有活力，且能急公好義，在鳳山信用合作社任經理的王傳成，於六十九年初倡議，約我發起成立「高縣王姓宗親會」，並聘我擔任總幹事，冀望爲敦親睦鄰、融和族群的社會倫理建設，盡些力量。

但蔡明耀連任失利，王傳成被親情所誤，到台中開中心醫院，負債受挫，連帶地使我情緒抑鬱。尤其王姓宗親會的會務，由於與會的理監事，多數漠視會務的發展，甚至有人空話盈庭，卻拔一毛以利衆人而不爲。一年後會務陷於停頓，深感世道澆薄，爲德不卒，徒呼負負。

還有一事値得一書的是，民國六十五年六月間，一天傍經大東橋循鳳山溪畔往北回家途中，忽見低窪處一堆新置廢土中，露出形似碑石的一角，因好奇將此巨石挖出，赫然發現「郡南第一關」及「道光十七年八月吉日」等石刻楷書，一時如獲至寶，奮力將它搬移至路旁。

由於此一花崗石城的橫額，重達二百公斤，非一人之力就能抱回家，遂央請鄰居三人，抬上一輛僱來的三輪板車，運至鎮東二巷門前牆腳旁。我爲挖掘此一古物出土，用力過猛，致腰部閃失受傷，經半個月的治療才痊癒。但使這無價的古物，不被永遠埋在地下，覺得受一點傷也是値得的。

後來我想到此類古蹟文物，應屬於國家；雖然自己是個發現者及發掘者，也不應據爲己有。只是對於歷來地方主政者，不重視歷史文物的維護，深爲感慨與痛心。鳳山，原爲台灣三大古邑之一！古蹟文物頗多；但後人不知珍惜與維護，十九遭到損壞；即僅存者，也原貌盡失。我爲「郡南第一關」橫額捐給政府，確實因不放心而一度躊躇。

民國八十年，高雄縣政府及鳳山市公所，積極籌備鳳山開縣三百零八年紀念活動，並於元宵節起，展開爲期一年的文康慶祝活動。心想做爲一個知識份子及鳳山人，自應協助政府推行古蹟和文物的維護，以激勵民衆發揚愛國愛鄉的精神，決定將「郡南第一關」城門橫額，無償捐給縣府，俾能蔚爲風氣。

當年余陳縣長，曾允諾在鳳山北門外另建新城門，作適當的安置，可惜他八年任期終了，依然不曾兌現諾言。而現任的楊縣長，因各局室重新分配，對此古物由原縣長室外，放置在庶務股門外一角。爲此我曾建言，不如擇曹公誕辰，將它移置於鳳山曹公路曹公廟內的碑林中，使它能獲得應有的安置之所，誰知信寄出將近一年，似已石沉大海！這是我數十年來愛管「閒事」的過程中，唯一不曾獲得回音的一次。想起自己視爲至寶的碑石古物，捐出去後落得這般待遇；午夜夢迴，曾爲一百七十年前興建「郡南第一關」的曹謹公淚沾枕巾！

可不是，我以敬畏文物，發揚古蹟文化的一片癡愚，難怪功利者會以傻瓜視之。但這究竟是少數的少數，我對過往的付出，並非如煙，……。

我住鳳山半個多世紀，有四十年新聞記者和編輯生涯，同業的互愛互重，多次被抬愛受獎，其中七十三年當選全省推行社教績優工作者，似在多項文學獎之外，更值得家人和個人欣慰的。我對人情溫暖，常記母言：「人敬你八尺，你須還他一丈。」故即使片言隻語的啓迪，也不敢或忘。八十一年小兒王瑀車禍去世，常思及雪中送炭者的古道熱腸。古人謂患難見眞情，受者豈一個謝字能道盡刻骨銘心的永世感念。

如今回頭看鳳山過往的歲月，良田變高樓，曲徑拓直成大道，陋巷改建變大街……，不免有滄海桑田之慨。但三民路的老街新造、社區公園和圖書館林立，垃圾不落地和每天按時運送仁武焚化廠處理，不再爲無地可掩埋憂慮，甚至連垃圾山也綠化成觀光新景點，在在顯示主政者建設新鳳山的種種措施，有了可喜的新風貌。

但蛻變中的鳳山，在廿七·四七平方公哩的小小區域內，擁擠著卅三萬三千多人口（註三），密度爲南台灣之最，對居住環境品質的提升，形成極大的壓力和阻力。今天鳳山市最令人詬病的，還是路霸造成的交通問題。如何解決行不得也之苦，是不是該把情、理、法顛倒過來，把鼓勵民衆守法和嚴格執法貫徹公權力，放在首位——雙管齊下放手一搏，方能完全清除各種路障，給大衆一個行的安全空間。我亦至盼警政單位全力配合，達成此一無量功德的便民利民措施。

林三郎市長重視文藝活動的推展。我主持「高雄縣青溪新文藝學會」五、六年來，對《青溪文藝》選集的徵稿編印，及每年會員書畫展覽的舉辦，每次他都慨然相助，足見他對創作優良文藝，發揚鄉邦文化的重視。

回想自卅八年浮槎東來，蝸居寶島，與文學結緣，爲文化建設的心靈改革盡心力，倏忽已五十五個年頭，但大部分時間都生活在南部，與高雄鳳山這片寶地相擁抱。所以我不僅是台灣人，也是鳳山在地人。我深愛鳳山，非三言兩語所能道盡。但我不須把它掛在嘴上——只要踏實的做出來，求個心安就夠了。至於做了別人看不看得到，或者信不信，那都是不重要的。

註 釋：

註一：鳳山中正綜合體育場，包括田徑運動場、室內體育館、游泳池、網球場、及四周的林園造景等設施。其中田徑場的看台，林淵源縣長任滿未及完工的部分，由隔一屆的蔡明耀縣長完成。再隔兩屆，余政憲任縣長時，特將前後大門拆除重建，將「中正綜合」四字去掉，變成今天的「高雄縣立體育場」，同時也將「縣長林淵源題」的署名，改成「縣長余政憲題」，因他的用意引起市民的質疑和不滿，曾發生爭議。

註二：鳳山鳳崗路的縣立圖書館遷往國父紀念館三樓後，原址於蔡明耀主持縣政時，改建爲縣長官舍。

註三：鳳山市人口統計，不包括三所軍事院校及駐軍的人數；所以在鳳山居住的人，比戶政單位的統計人數，實際上要多很多。

五上「龍泉」

謝輝煌

筆名謝箴、光軍、樵夫、老芋頭、東山客等。江西省安福縣人。民國 20 年 12 月 23 日（1932.1.30）生。民國 38 年春初，初中畢業後從軍。曾任「黑官」（二等坎事兵超級上士見習官代理少尉排長）、無線電臺長、通信官、參謀官、詩社同仁、雜誌主編、社長。現爲中國文藝協會、中華民國新詩學會等會員、國軍散文隊研究員、三月詩會同仁。作品有散文、新詩、傳統詩、詩歌評析等。著有散文集《飛躍的晌午》一種。

五上「龍泉」

謝輝煌

「龍泉」是一座墓園的名字，座落台北縣三峽鎮安坑里，與新店市安康路底交界處的建安路左邊的山坡上。坐北向南，背山面山，山谷有小溪，蜿蜒於寥落村舍及檳榔林中潺湲而去，每當檳榔花開，香氣襲人，別有一番清趣。

整個墓園，有如一座大屏風，上面浮雕著用各色磚瓦及大理石砌的建築，更有翼然如飛的亭子和墓木、花草。排排列列的墓群，層層疊上，井然有序，很像是一個依山而築成的高級社區。墓園入口處，是一座高大的白色牌樓，上端橫書「龍泉墓園」四個的字，左右柱上是一副嵌字聯，文曰：

龍脈牛眠，春霜秋露思先澤。

泉報松籟，木本水源啓後人。

這副對聯，雖爲「龍泉」而做，還是有其承先啓後，不忘本源的教化意義。惟「春霜秋露」，在《禮記．祭義》裡是「春露秋霜」，大概是爲調平仄反而「以詞害意」，無可厚非。

墓園距新店碧潭約十公里，距我家中和復興路約十六公里，由於得「地利」之便，去年雙十節前，向明及麥穗二兄，先後囑我就近去偵察路線，屆時嚮導，以利大夥兒順利上山，去祭拜覃子豪先生。

由新店到三峽這條路，十多年前是碎石小路，相當荒涼。嗣因沿途建商及旅遊業者的不斷開發，早已成爲縣道了。同時也是我和老妻經常驅車馳騁的「觀光路線」，因而欣然受命。

他們要我找的目標，一是「南天行政世界道場」的指示牌，一是「建安路」。經來往奔馳了大半天，總算找到了。但到雙十節那天，一路找去，卻有「江山不可復識矣」之感。原因是我找到的目標，在三峽來的左邊，由新店去則是右邊。因有路樹和電桿等遮著，一蹓眼就過去了，連坐在前面的辛鬱兄也沒有發現，結果還是多走了一段路，經問路清楚，才順利抵達墓園。

那天，一共去了三十二人，南北各大詩社、詩會及新詩學會的重要成員，幾全到齊。白髮紅顏，圍繞著覃先生的塑像，有如繞膝之盛。鮮花、水果、馨香，祭拜之後，焚《乾坤》詩刊紀念專集，並攝影、簽名留念，我忝列其中，是爲初上龍泉。

去年祭拜時，議刻覃先生一首作品，嵌在銅像基座，以增勝徽。並當場獲得捐款，且復推向明、麥穗二兄負責策劃進行。

今年九月下旬，詩已選定，麥穗兄亦已洽妥刻字商人，決以不鏽鋼蝕刻。爲配合基座尺寸，特囑我去實地測量。我一時誤爲詩要放在銅像前的大理石書桌面上，回來立即電告向明兄：「寬九一公分，長一二一公分。」他一聽，就知是會錯了意。沒話說，這二上龍泉的「功勞」，是蔣幹的。

放下電話，三上龍泉，並立即回報麥穗兄：「高七三公分，寬四七公分。」

十月二日晚，將施工時要用的物件收拾停當，滿以爲必可水到渠成，表演一番。

次日一早，是「霧非霧」的天氣，早點後，揹上「武裝」，跨上機車，四上龍泉。

大夥兒到齊，擺開傢伙，準備接電開工。這時，墓園管理員來了，立即請墓工將他們的電源接過來，但沒想到，我這把在家裡東鑽西鑽，無往不利的兩分電鑽，竟成廢物。墓工一見，趕緊支援振動電鑽，刷刷幾聲，就鑽好了四個小孔，攢上鋼釘，固定了木板，將不鏽鋼「詩碑」一扣，便大功告成。爲感謝墓工「拔鑽相助」，我們送了他一個紅包，他也爽然許諾，待天氣晴朗時，再用西尼康在四週彌縫，藉以增強接著力並防雨水腐蝕木板。

這是覃先生逝世三十六週年時，大家爲他所做的一件很有意義的「詩」事。

詩碑寬三七公分，高二五分公，素面不鏽鋼底，綠色隸書，具有簡樸、大方、美觀而醒目等優點。詩是覃先生於一九五〇年八月在花蓮港寫的《追求》，計九行如下：

大海中的落日
悲壯得像英雄的感嘆
一顆星追過去
向遙遠的天邊

黑夜的海風

刮起了黃沙
在蒼茫的夜裡
一個健偉的靈魂
跨上了時間的快馬

祭拜完畢，大夥在風雨中下山。只有覃先生無傘無笠地挺在風雨中，默默地目送大夥消失在山路的拐彎處。

十月二十四，又是星期天。老妻說：「去野外走走吧。」我選擇了去三峽的方向。車子很快就到了建安路口，左轉彎，再拐幾個小彎，她已看到了那片亮麗的墓群。便問：「你們上次就是來這裡？」我說：沒錯。

到了半山的停車場，她休息，我則循著二、三區之間的石階，拾級而上。瘦瘦的覃先生仍穿著那件過時的西裝，在六排一號的座位上，迎我這不速之客的造訪，門口的兩株扁柏，和室內井型的蘭草，精神奕奕。唯一的裝飾，是「詩人覃子豪之墓」的橫額，和「一九一二——一九六三」的歲月標記，再就是前低後高的大理石桌面，及月初我們送給他的「詩碑」。詩碑四週的縫已彌得結實，這也正是我此行五上龍泉的目的。我將把佳音帶給山下的朋友。

下山時，老妻說：「這個環境很不錯。」我一聽好像又不好像知道她在想什麼。我只說：「這是黃金地段。再說，環境的好壞，是活人的感覺，死人就不管這些了。況再好的環境，都市計畫一變更，死人也得搬家。」

「這倒是眞的。」她應著，我如釋重負。

出了墓園，更往山深處，直到危橋當前，便勒馬回頭，循原路出山，結束了這次山行。唯一沒有結束的，是一座獨有塑像、詩碑，而卻無家勝有家，無後勝有後，孤挺而不寂寞的詩人之墓的意象。

燈下，想起「千江有水千江月」，和「一樹梅花一放翁」這兩句詩，不禁莞爾。蓋因覃先生生前，曾使「千江有水」，且「能化身千億」，身後才有「千江月」和「一樹梅花一放翁」的勝概，哀榮不是生前的名利可以換得。所謂偉大與渺小，端看對「犧牲自己，成全別人」這八個字的實踐程度如何。實踐得越徹底，便越有「風」可供後人去「格」，有「風」可供後人去「景」。否則，縱「龍脈牛眠」，也不過是「牛眠龍脈」而已。然覃先生卻是「在蒼茫的夜裡」；不畏「黑夜的海風／刮起了黃沙」，勇敢地「跨上了時間的快馬」，像「一顆星追過去」，追成「大海中的落日／悲壯得像英雄的感嘆」。翻開半世紀來的詩史，其言其行，似無出其右者，而他所享的哀榮，更無出其右者。名垂後世無倖致，自古皆然。

流水深情二十年

席裕珍

席裕珍，江蘇省吳縣人，淡江大學中文系肄業。早期服務於公營事業。喜愛文學、音樂及旅遊，平日以閱讀和寫作爲樂。並曾拜師學琴，用以自娛。民國61年春天，開始將生活中的情趣和思惟，一一化爲鉛字，發表許多散文及小品，分別刊載於各大報章雜誌、及讀者文摘中文版。

已結集出版的書有《那一條路上》、《永不凋謝的愛》、《窗外千堆浪》、《懷中星沙》、《一場不凡的演出》等。

流水深情二十年

席裕珍

沒一下，曉暉姊來了，瘦瘦的身形走路倒是興匆匆的。第二個是邱七七，七七姊到了就一個人先上樓，去餐廳選位子。最末一個是近日決定遷居花蓮兒子家的匡若霞……

我們四個好友已一個半月沒有見面了。雖然沒什麼大事，但每個人的心裡都盼望著相聚共餐，訴訴心懷、解解悶。

這一天天氣很亮麗，不過究竟是九月了，氣溫已不太高。十二點差五分到達福華飯店，走進大廳一看，三位大姊都還沒來。福華飯店的客廳在仁愛路進門的右邊，左邊有石砌的花壇，我就在花壇邊靠著身子等。

沒一下，曉暉姊來了，瘦瘦的身形走路倒是興匆匆的。第二個是邱七七，七七姊到了就一個人先上樓，去餐廳選位子。最末一個是近日決定遷居花蓮兒子家的匡若霞。若霞前天才從花蓮回來，她要處理很多臺北老家的事情，神情有點疲累。

我們登上四樓羅浮宮，是七七姊定的，而且是她請客。羅浮宮是世界的美術殿宮，那麼這裡應該是美食殿堂了。羅浮宮餐廳沒有虛負其名，確是非常漂亮，場地寬敞而富麗，是歐式自助餐，菜餚都很精緻。七七姊坐在靠窗那一桌，我們過去坐下，然後就去拿菜。

回憶第一次相約在福華，那要追蹤到二十年以前了。民國七十三年文友合唱團成立，隨著向會員們收取會費及支付各種費用等，需要有一個管帳的。第一個半年是曉暉姊負責，第二個半年由若霞擔任，連下來第三個半年輪到我。有一天七七姊邀我們三個人吃飯，說要謝謝我們的辛苦。地點就在福華，也是這樣夏末的季節，也是現在的四個人。我記得吃完飯七七姊和若霞在福華還買了裙子回去，這是第一次。

四個人已拿了菜陸續回來，若霞因有氣喘病所以不吃海鮮及西瓜；曉暉姊胃口小，又喜愛中式食物，但是和七七姊兩個人能吃生魚片；我不敢吃生魚片，最愛吃煙燻鮭魚、蝦和冰淇淋。

我們四個人吃飯其實已滿好聊天，也很有氣氛，而且相聚應該是高興。但是不知怎的，內心裡大家都有點落寞和異樣之感。

在文友合唱團成立一年後，我們有六個人形成了一個小團體。那就是我們現在的四個人再加上鍾麗珠和李念瑚。原因在於我們六個人的個性相近，愛好也幾乎相同，家庭情況又不差太遠，所以能有興趣、能有空閒玩在一起。

起先，每個星期我們總有兩次相聚。一次是文友合唱團的練唱，另一次就是我們六個人在一起吃飯、唱歌、寫作和聊天。練唱有練唱的場地，吃飯和聊天大部分是在七七姊家裡。在漫長的時期裡，七七姊調製了無數的美味午餐給我們吃。我們吃得津津有味，玩得呵呵大笑。如果不在七七姊家裡，有時候我們就會去福華飯店。那時福華流行吃地瓜粥，加上家常菜。那種日據時代窮苦生活的食物，今天居然放在五星級觀光飯店裡來熱賣，而且大家吃得很起勁，認定是當代的佳餚，我常常心裡會好笑，而且有點不解。

民國七十七年文友合唱團應邀到金門烈嶼演唱，同年又到菲律賓演出，順道遊覽東南亞。我們六個人一起買了竹編提包、衣服、銀質手鍊、錫質花瓶等等，還拍了很多風景照。民國七十九年在臺北國家音樂廳演出，八十年遠赴北京演唱，藉著各地的演出，必須密集的排練。因此那時候一個星期差不多有四、五天相聚在一起，我們甚至為了練唱達不到理想而師生都哭了。但忙過一陣子後，我們六個又會去福華輕鬆輕鬆，那一段時候常去福華二樓的飲茶，飯後再轉移陣地喝咖啡。歡樂的時光總是嫌短，一個下午很快就過去了。

民國八十年後，合唱團較少去國外演唱，但在台灣中南北各地的演出還是相當的多。所以我們的相聚仍一如往常的密集，也一如往常地玩樂。那一段時候常去福華的中庭吃自助餐，或是在七七姊家裡享受沒有時間限制的玩樂。有時候也一起去買衣服，去音樂廳欣賞各種節目，出席各種會議，也曾經討論寫作的方向和題材，正正經經地用了些功，約有十年時間。在這十年裡，寫作、唱歌和玩樂把我們忙得不亦樂乎，忘懷了一切。

在快樂和忙碌中，也曾經鬧了些讓人笑開懷的傻事和天眞事。麗珠和曉暉姊在北京登台演唱的那一天，誤失開往北京音樂廳的專車。兩個人急得滿頭大汗，想想人地生疏要怎麼辦。後來僱了三輪車尋到音樂廳，我們整團團員都未發覺少了她們兩個。不過總算在演出前，她們趕到了音樂廳，有驚無險。有一次在高雄文化中心演出，不知為什麼管伙食的朋友誤了用餐時間，大家肚子餓得哇哇叫。就在演出的前一刻，團員們都已在幕後台上排隊了，我和若霞不知從那裡弄來一個便當，兩個人急急忙忙的分著吃，剛好被團員戲稱訓導主任的郭老師看到，兩個人都挨罵了一頓，馬上放下便當跟著走。又有一次，我和若霞兩人身上只有一杯咖啡的錢，因此只好買了一杯咖啡。兩個人認定杯子的這一邊由我喝，另一邊由她喝，互相都喝不到對方的口水。現在想想，眞好像是小學生心情呢。還有一次，我們臺北實踐堂演出。在演出前，我爲了一些事忙著在台上走進走出，一不小心把花籃碰倒了，水流在地板上。這事情當然逃不過訓導主任郭老師的眼睛，於是她把我當小學生一樣的罵了一頓。其實郭老師心地善良，人又熱心，只是她教書教久了，說起話來就像老師對學生一樣，我們聽了也不在乎，還是嘻嘻哈哈地開心得很。

六個人中，年齡是念瑚姊和曉暉姊居長，若霞第二，七七姊居中。但總是七七姊帶著我們玩。墾丁、恆春、尖山埤水庫、溪頭、清境農場、幾個糖廠，還有福山植物園，甚至午夜率領我們去國父紀念館，坐在館前的台階上唱歌，她會想點子。她還組團率領我們去大陸玩，北京長城、西安大小雁塔、蘭州黃河、寧夏波坡頭、青藏高原的拉卜楞、武漢黃鶴樓、成都的都江堰、長江三峽，當然，上海杭州蘇州無錫揚州等地更不會遺漏。有一次我們還在飛機上吃月餅過中秋夜，在幾萬公尺的高空中賞月，夜空清澈湛藍，月亮雪青，月亮裡的桂樹和月兔似乎在眼前，這眞是難得的情景！我們大都是起早出發，摸黑回家，坐過大大小小數不清的飛機，恐怕已超過萬里路了吧。

民國八十七、八年間，鍾麗珠突然有了移民加拿大的興趣。看她在臺灣和加拿大之間來來回回地跑，不出一二年，聽她說在加拿大已買了房子，當然，下一步就是遷移了。大家正在爲少了一個伴而惆悵不捨時，念瑚姊又嚷起胃痛，那是更快了。九十年八月發病，同年十月就離我們而去了。我們在陰雨霏霏，灰淡的天色下送別了她，心底無限的哀惋和悽涼，眞是情何以堪！念瑚姊個性非常隨和，善體人意，興趣又廣泛。她在的時候，音樂廳有好節目她總會通知我們。尤其是我們兩個，因住家路線相同，是好搭檔。她也帶我去靈糧堂做禮拜，她寫作較少，是金陵女中的國文老師，是個好人。

而文友合唱團，也於八十八年停止，共計持續了十六年。

一下子少了兩個人，剩下我們四個。四個人還能成爲一個團體，我們仍然一起玩。但是這期間沒有出國，只是定時在七七姊家唱歌和聊天。有時候也約在外面的書店買書，看看新的建築，看看風景，吃一頓飯，玩啊玩啊，一玩又是四年。

人生能有幾個十六年再加四年呢？二十年一過，嬰兒已變成人，成人已到中年，而我們卻在不知不覺間都已進入了老年。大家常常病痛不斷，精神不好，體力不好成爲常事。尤其數月前若霞病得住院，兒女都不放心再讓她一個人住臺北，因此決定搬去花蓮兒子家住。以後，臺北只剩下七七姊、曉暉姊和我三個人了。

餐桌上的帶露玫瑰花展著笑靨，我們盤子裡的菜都已換了幾次。七七姊一面吃，一面念著，鍾麗珠又好象沒來訊息了，不知在忙什麼？若霞要賣掉房子一個人擔當得了嗎？七七姊總是常爲別人著想。

我們吃完菜又吃甜點，再吃冰淇淋，想要再聊天已是兩點了，午餐時間到了。我們站起身來，看到窗外的陽光仍然燦爛，綠樹依舊亮麗，四個人步出餐廳。

大家已是二十年以上的朋友了，不會因分別而忘記的，都會掛念在心裡，直到永遠；也不用惆悵，現時代的各種交通工具都很便捷，「伊媚兒」又快速無比，打電話也變成不是奢侈事，愁什麼呢，世界已是地球村了，不是嗎？

我爲什麼拍攝作家錄影傳記

王　璞

王璞（1928～　）本名王傳璞，山東鄒平人。政治作戰學校新聞系畢，曾任編譯、軍報記者及編輯，《勝利之光》編輯、《新文藝》主編、「新中國出版社」總編輯、副社長。

著作有：《木婚的旋律》、《最美的手》、《白色的愛》、《永恆的懺悔》、《咖啡與同情》、《王璞自選集》、《一串項鍊》、《柏特先生》，及翻譯小說《北平的來信》等。曾獲文復會主編獎，國家文藝基金會優良文藝雜誌第一名。七十歲（民國86年元旦），正式開始投入「作家錄影傳記」和「中華民國藝文活動紀錄片」的拍攝工作，且憑一己之力完成「一人藝文影庫」。

我為什麼拍攝作家錄影傳記

王　璞

到今天（中華民國八十八年六月二日）為止，我已拍攝完成「作家錄影傳記」五十二部、「中華民國藝文活動」紀錄片將近一百部。

「作家錄影傳記」計有：蘇雪林、黃得時、張佛千、吳若、無名氏、林海音、柏楊、楊乃藩、陳火泉、王藍、胡品清、司馬中原、朱白水、蔡文甫、朱介凡、丹扉、蓉子、羅門、姜龍昭、辛鬱、魏子雲、張默、楚戈、廖清秀、張拓蕪、郭嗣汾、黃文範、王聿均、墨人、張騰蛟、尹雪曼、姜穆、王生善、李牧、瘂弦、應未遲、洛夫、周伯乃、蕭白、宋瑞、吳東權、向明、段彩華、文曉村、鄭清文、鄧文來、大荒、舒蘭、賈福相（莊稼）、張永祥、許希哲、黃驤。

而「中華民國藝文活動」紀錄片，包括各種文藝獎頒獎典禮，例如：聯合報文學獎、中山文藝獎、中央日報文學獎、梁實秋文學獎、五四文藝獎、九歌文教基金會文學獎、大專院校文學獎、身心障礙者文藝獎、中國文藝協會文藝獎章、中華民國兒童文學學會兒童文學獎、楊喚兒童文學獎……

包括各種藝文集會，例如：文藝界重陽敬老聯誼會、詩人節慶祝大會、中國文藝協會新春聯誼、文復會新春聯歡，中國婦女寫作協會年會、中國孔學會六藝雅宴、著作權人協會集會，專欄作家協會會員大會、青溪新文藝學會會員大會、國際女記者與作家協會年會、婦友合唱團紀念抗戰六十周年演唱會、總統府前廣場新春開筆大會……

包括藝文界人士的壽喜婚喪，例如：卜少夫先生的九秩華誕、胡秋原伉儷的九十雙壽、林海音女士八十大壽，無名氏先生八十壽宴、余光中先生七十歲的「與永恆對壘」，陳紀瀅先生的追思禮拜、黃得時教授的葬禮、鍾雷先生的公祭與追思、朱西甯先生的追思禮拜、牛哥先生的公祭與作品展覽，以及管管的婚禮、綠蒂的婚禮，和瘂弦的編輯歲月……

包括刊物的慶典及學術研討會，例如：《傳記文學》三十五周年慶、九歌出版社二十周年慶、《創世紀》現代詩講談會、《葡萄園》創刊三十五周年、《秋水》詩刊一百期、兩岸作家展望二十一世紀文學研討會、第一屆兩岸倫理學術研討會、彭歌作品研討會、「兒文」墾丁之旅、兒童文協千歲宴……

包括新書發表會與學術演講，例如：《張深切全集》發表會、無名氏新書發表會、徐佳士新書發表會、周培敬與姜龍昭以及高準新書發表會、《傳記文學》光碟版發表會、《藍與黑》話劇記者會，還有李敖一連四個星期天的「中國古書中的性系列講座」……

還包括書畫展覽與特別展覽，例如：陳丹誠書畫篆刻展、李奇茂素描展及座談會、楚戈畫展與專題演講、王藍水彩畫展及演講、何懷碩畫展、牛哥創作六十年展、張建國回國油畫展、無名氏八十書法回顧展、杜忠誥書法義賣展及演講、梁在平梁雲坡書畫聯展、劉德義教授捐贈活動、雜誌創刊號特展、台北國際藝術博覽會，還有「請君入夢」（紅樓夢博覽會）……，此外，還有一些有關藝文活動的紀錄片，不再列舉。

說來話長‧從頭談起

朋友們常問：「你怎麼想到拍攝『錄影傳記』的呢？」說來話長，不得不從頭談起。

年輕的時候我就非常喜歡照相留念。而眞正用照相機工作，是民國四十五年六月，我從政工幹部學校（政治作戰學校）新聞系畢業，分發到部隊裡去，我的工作是辦軍報、做記者，每天背著照相機採訪；因此，照相便成了我工作的一部分。當時，我不只是照，我還自己沖洗。可是那時候我們的經濟條件很差，要想擁有一套暗房設備，根本不可能；我就用克難的方法來洗。有些人知道：當時的軍毯有一部分是灰色的；我就灰色的軍毯把門窗擋起來，不就成了暗房嗎？我把底片和相紙放在軍毯的下緣，把軍毯輕輕一掀，就這樣曝光，然後放在顯影液、定顯液裡面去洗。

民國五十一年，我第一個兒子出世，我就用照相他把成長的過程記錄了下來。次子五十三年生，三子是五十七年出生的，同樣地，我都用相片記錄下他們成長的過程：吃奶的、換尿片的、洗澡的、餵飯的、哭的、鬧的、玩耍的、打架的、上學的……而我要特別強調的是從出生，他們三兄弟都有出生照片——上面記載著出生的年月日時分，以及身高、體重，等等。

在三、四十年前，大家的生活很苦，物質條件很差。我只是一名低級軍官，內子是一位小學老師，都收入菲薄；還要付房租、請佣人，有時眞的連飯都吃不飽。但兒子們的相片卻不能不照。尤其他們過生日，不管經濟多麼拮据，我一定要買個小蛋糕，給他們拍攝生日相片——一歲時插上一支小蠟燭，兩歲時兩支，三歲時三支……三兄弟都照到二十歲；即使生病住院，也沒中斷過拍攝生日照片。二十歲以後不是不照了，而是都已長大成人，在家時就照，不在家時就算了。

再說，他們的相片都是分開貼的；每個人各有自己的一套相片簿。譬如這張相片上有他們三個，我就洗四張；有兩個就洗三張；有一個人就洗兩張——我總是多洗一張。爲什麼？因爲他們每人的相簿上都各貼一張，我還要留一套「存根」。若不，等他們長大成人自立門戶以後，各人都把自己的相片拿走了，我們二老要想再看都看不到哩！

薇薇夫人在她主持的電視節目中曾問我：你花這麼多金錢、這麼多時間、這麼多心力給孩子照相，你認爲它的意義究竟在哪裡呢？我的回答是：不只是作紀念，最重要的是對孩子一種教育。讓他們看看，從出生到現在，父母要花多少心血才能把他們撫養長大。而且，當我們一家人圍一起看相簿時，無形中父子之間、母子之間、與兄弟之間，那種心連心、心貼心，而洋溢著的歡愉與親情，無形中便增加了家中的溫馨的氣氛、和樂的氣氛，使全家人都沉浸在幸福中；那是用多少金錢和物質都換不到的！

因此，從黑白到彩色，再到攝錄影機，我便跟照相、錄影結下了不解之緣。此外，我還用錄音機保存下了他們童稚的聲音。可惜沒有從他們三兄弟呱呱墜地就錄下來。等我的孫子出生以後，就用攝錄影機拍攝下他的成長過程。

擴而大之，推而廣之

這是我們家的「家庭文化」。爲什麼不擴而大之，推而廣之呢？

有了這個念頭以後，我就常常思考這個問題。

首先想到的就是「作家錄影傳記」、「畫家錄影傳記」（直到現在還沒有時間做），和「中華民國藝文活動」紀錄片。因爲，自從民國三十九年我開始練習寫作投稿，新詩、散文、長短篇小說都寫過，也翻譯過文學作品；從民國五十一年調到國防部新中國出版社服務，擔任過《勝利之光》畫刊編輯、《新文藝》月刊主編，和該社的總編輯等職，一直到退休都沒離本行；可說與藝文界有相當的淵源。如果我先從這方面著手，可能會事半功倍。假使一開始就說「全民錄影，保存文化」，不叫人家說你大言不慚、癡人說夢才怪哩！

那麼到底什麼是「錄影傳記」呢？又爲何做、如何做？

「錄影傳記」中文裡面沒有這個名詞，可以說是我獨創的；英文裡面，我孤陋寡聞，也沒有這個詞彙，我就把它翻成“Video biography”。而「作家錄影傳記」，就譯爲“Writers Video Biography“。顧名思義，我不是訪問作家；而是爲作家立傳，還是「自傳」。由傳主自己述說，我只是爲他攝錄下來而已。

大家都知道：傳統的「傳記」是一本書，工具是筆和紙；而「錄影傳記」是以口代筆，以錄影帶代替紙。當然，在傳主講述的同時，什麼都可以錄進去，像作品啦，相片啦，妻子兒女啦，書房臥室啦，車子別墅啦……總而言之，傳主願意錄什麼就錄進去什麼，因爲這是他（她）的自傳嘛。每部以九十分鐘爲原則，相當於一部電影片的時間。當然，每位作家的一生都多采多姿，九十分鐘不可能呈現一生的全貌（事實上多數都超過了）；但最重要的部分當不致遺漏。現在或將來，若是有人想了解或研究這位作家，想蒐集這位作家的資料，這部「錄影傳記」可說是眞正的、活生生的第一手資料！

這一系列的錄影傳記，雖然都是一部一部的「資料」，但我可不是當「資料」來處理的；每一部我都把它視爲一件藝術品來經營，希望讓人看了不要有千篇一律之感。譬如羅門和蓉子，這一對「鴛鴦詩人」，雖然住同一個屋頂下，但兩人的「自傳」拍攝手法卻大不相同！如今已完成的這五十二部，可說每部都有它自己的特色。將來做多了，恐會黔驢技窮；但我是朝著「藝術經營」這個方向去錄製的。

至於爲什麼要做「錄影傳記」呢？簡言之有二個目的。第一，做好了就立即贈送傳主一個拷貝，現在親朋好友看，百年後可傳諸子孫——都說這是「傳家之寶」。第二，就是爲國家民族，活生生地留下了這些無價之寶！

同時，我拍攝藝文活動紀錄片。想想，不論多麼隆重的場面，不論多麼盛大的、熱鬧的「大拜拜」，過去不就過去了嗎？不就無影無蹤了嗎？如果把它們拍攝下來，不就永遠活生生地留下來了？這類紀錄片，像前面所寫的，我已攝製了將近一百部。這些，我都是全程錄影，而且用「三百六十度的拍攝法」——這種方法或許也是我「獨創」的吧？每部紀錄片做好以後，同樣地，我也都馬上贈送有關人員各一份拷貝留念。

在此，引用二段余光中先生和李潼先生給我的來信，可見「藝文活動」紀錄片反應的一斑。「傳璞先生：十月三十日九歌『與永恆對壘』慶祝會，承蒙光臨並錄影留念，十分感謝。錄影帶聲光並茂，值得珍藏，也已屢次播放給我的朋友、學生觀賞，甚獲好評。」

下面是李潼先生給我信的片段：「王璞先生：每次在文藝聚會見到您，您總是活力充沛，『一尾活龍』似的。這次的犁丁之旅（按：係「兒協」文苑雅集，三天兩夜），您舉攝影機穿進穿出，肯定是『走最長遠路』的人；但身手俐落、捷矯，『十分飄逸』，我們都被您從頭看到腳了。謝謝您寄來的錄影帶，記錄翔實而有趣。單機作業能有此成績，可見技術之專業也。」

似是笑話·不是笑話

去年九、十月間，國父紀念館舉辦「請君入夢」（紅樓夢博覽會）的時候，參觀者天天都人山人海。我曾三次去錄影和參觀。在會場中，我對魏子雲兄和幾位朋友說：「如果曹雪芹當年有一部「錄影傳記」的話，他自己述說他的家世身世、創作動機和創作經過，那麼這些筆墨官司和考證，恐怕都沒有了。……考證雖然這麼多，但曹雪芹究竟是誰的兒子還弄不清哩！」

聽起來好像是笑話，其實不是笑話。曹雪芹距今才兩百多年；我現在拍攝下來的這一系列「作家錄影傳記」的傳主，二百多年以後，不就會省卻那些筆墨官司和考證嗎？對不對？

大家都知道：中央（國家）圖書館都建檔保存了作家的資料，區區如我者也在列，對保存文化來講，可說功德無量；但時至今日，那些資料（如照片、手跡、小傳等）已經不夠了。還有中央研究院，已經做了許多年的「口述歷史」，也十分有價值，但同樣的也不夠了；你只能「聞其聲」，不能「見其影」。而「錄影傳記」卻能二者皆備。尤其最最重要的是：「錄影傳記」是「眞」的活生生的第一手資料！直到今天，「錄影」還無法造假，而別的都能僞裝。譬如一張相片，可以拿掉上面的某某人，也可以添上另外的人。再如手跡，王羲之的字都可摹仿得魚目混珠，還有什麼字不能製造贋品的呢？至於錄音帶，大眾媒體不是也報導過不少變造、僞造的新聞嗎？

只有錄影才是眞的「眞」的！而「錄影傳記」不但爲作家「存眞」，我還秉持「四實」的原則來錄製。

第一，就是「眞實」：眞眞實實拍攝下傳主的實際情形。我儘可能地用三百六十度拍攝法，傳主一面述說，我不只是拍攝下周遭的現況，還特寫一些珍貴的鏡頭。

第二，就是誠實：「錄影傳記」是傳主的自傳，是傳主活生生的第一手珍貴資料，傳主都能以「誠」（我不敢說我要求傳主以誠）來面對它。有的傳主還講述了一些「不能爲外人道」的事情，往往令我十分感動！

第三，忠實：我在剪接的時候，絕對百分之百忠實於傳主的原意，絕不斷章取義！因爲我害怕萬一有絲毫的差池，會對不起傳主；所以每做好一部，我都儘可能親自送到傳主府上一份拷貝，並和他一起觀看，如果有不滿意的地方就修改，直到傳主滿意爲止。

第四，樸實：是我這一系列「作家錄影傳記」的風格。作家是文人，不是影星或歌星；雖也是「寫眞集」，但格調該有所不同。所謂「文如其人」；我希望我一系列的錄影傳記，也能與自己的「人品」相若。

歷史宏觀·百家爭鳴

當初有人問我：你準備拍攝哪些作家、哪類的藝文活動呢？而現在，當您看了本文一開始我所列出來的那張「清單」，也許會產生更多的疑惑——到底你的立場爲何？觀點爲何？

簡單一句話：我是以歷史宏觀的角度來拍攝。不問被拍者的背景，不問被拍者的黨派；更不管是本省人或外省人；也不管主張統還是獨……。尤其更絕對不以我個人的好惡爲取捨——說實在的，甚至在拍攝的過程中，有些言詞或論調，我不但不贊成，還堅決反對，可以說一面在拍攝一面在生氣。或許有人又說：那你何苦呢？何苦？只是爲了替國家民族留下這些聲音和影像。在這個時代，在這個地方，只要影像夠大，聲音夠高，他肯說眞話，肯說實話，我都盡全力留下！

順便一提的是：我名片上印的是「一人藝文影庫」的創始人兼製作人。「藝文影庫」我把它英譯爲“Video Bank of Literature & Arts”；「一人」譯爲“Single Role Play”（獨腳戲），簡寫成S.R.P.。（我之所以還要英譯，因爲我當初還打算把錄影帶捐給國外。）由此可知我是「一人公司」：裡裡外外，上上下下，只有我一個人。老實說，這是一個 Team Work，是一組人馬從事的工作，從規劃、設計、連繫，到場景佈置、拍攝、導演、剪接、拷貝、發行……不是一個人能負擔得了的；但絕不是「個人英雄主義」，而是找不到「合夥人」。所以我就先用一種「取巧」的辦法，從大台北地區開始做；這樣我能夠當天來回，省卻不少人力物力。然後再慢慢地向中南部發展。只有蘇雪林教授例外，因爲當時她已一〇二歲了；她住在台南，我坐飛機往返，一共花了四天的時間。

有位朋友問：海外的作家你做不做？當然做。如果有機會大陸的作家也做。因此他建議：那你用現代或「當代中國作家錄影傳記」不好嗎？何必用「中華民國作家錄影傳記」的片頭呢？

我說這是「歷史問題」。中共早就不承認中華民國的存在了；可是中華民國仍在。而主張台獨的人士一直都在大喊「台灣共和國」，可是台灣共和國還沒有成立。所以現在我用的片頭是「中華民國作家錄影傳記」。海外的，我另有片頭，是「海外華文作家錄影傳記」；我已用了一次，就是「賈福相自傳」（筆名莊稼）。他是國際知名的海洋生物學家，離開台灣已四十年，早就取得外國國籍。而最主要的原因是：他二百多篇論文都是用英文寫的；他用「華文」寫作投稿，只不過是最近十來年的事。而將來，還有一些用「華文」寫作的華裔作家，甚至外籍的「華文作家」，都可用此一片頭。如果有機會拍攝大陸上的作家，就用「中國大陸作家錄影傳記」的片頭。再補充一句：「中華民國作家錄影傳記」的片頭字，是無名氏先生寫的，頗具功力；而痘弦兄灌的音，很有磁性。

不要嘴軟，不要手短

才開始做的時候，眞是困難重重；所謂凡事頭三腳難踢，一點也不錯。因爲以前沒有這個東西，我磨破嘴唇向人說明，人家也似懂非懂，甚而半信半疑。

疑的是什麼呢？我猜想，至少有下列幾點：

其一：你有什麼企圖？什麼目的？

其二：你有這個能力嗎？這不是單獨一個人能勝任的事；何況你這個年屆古稀的老頭子！還有，很少人知道我會照相，更不曉得四十多年來我花在攝影照相方面的心血、時間、和金錢，更不用說什麼「錄影傳記」了。

其三：你有這份財力嗎？你既不收分文費用，還免費贈送傳主和有關人員各一份（有時好幾份）拷貝；而將來還要全部捐獻出去，會有這種傻瓜嗎？

也許還有更多的疑問。人同此心，心同此理；別人的疑惑我毫不介意。爲了實現一個理想，我委曲求全，再而三、三而四地，幾十遍、幾百遍，同樣的話對相同的人和不同的人，疲勞轟炸，喋喋不休。我以前很討厭某些「傳教士」；而現在我自己卻變成一個讓人討厭、富有宗教狂般的「傳教士」了！

好不容易才慢慢地，有人認同了我的「教」，認爲很有意義，很有價値。當朋友們了解我的「理想」以後，口惠之餘也來了實惠；但我卻把寄來的匯票，原封不動地退了回去——吃人嘴軟，拿人手短，做事就可能有所顧慮了。何況若是我收了錢，好像我是爲了「錢」來做的，怕人誤會，儘管我曉得朋友們不會——可是別人會！

還有，國防部總政戰部的有關人員，也曾表示願意對我這位「老師」全力支援，不管人力和經費。並說：「我們絕不參加任何意見，絕不講任何一句話；老師怎麼做，就按老師的計畫去做。」我也心領了、婉拒了。

爲什麼？假使我接受了的話，一定會有人說：王某人是政工幹校畢業的，他的後台老闆是總政戰部……那我這個人就會被貼上標籤；我的理想也就被扭曲了。是不是？

也許有人以爲我是富翁，有錢沒處用，那就錯了。我只是一名吃退休俸的上校老兵，內子只是一位小學老師，兩人的收入算不上富裕；我倆只是靠著克勤克儉，克難變通，運用有限的一點點血汗錢來實現自己的理想。況且，即使你眞是億萬富翁，如果你的錢不花，是不是就等於沒有錢？你的財富只是銀行裡的一個數字而已，不是嗎？基於此，我一向不要嘴軟，不要手短！

全民錄影·保存文化

人生就是該做點事；內子的價值觀也和我一樣。眞正說來，拍攝「作家錄影傳記」和「中華民國藝文活動」紀錄片，不是目的，而是手段；我是先做出來讓人家看看究竟是什麼東西，有沒有意義，有沒有價值。如果大家認爲有意義、有價值，大家就去做嘛——所以我眞正的目的是：提倡全民錄影，以保存中華文化！

多少年來，政府的大官張口閉口文化多麼重要，文藝多麼重要，作家多麼重要……然而講得太多，做得太少——不，不少！只是一直在做、做、做秀，一場「大拜拜」下來花多少錢，往往「拜」完就算了。究竟有多少效果？誰管！

最近爲了明年總統大選，有人又大聲疾呼地提出要「建設文化大國」；可是叫一叫、喊一喊就能成爲文化大國嗎？要腳踏實地去做才行！要有一套周詳的、遠大的、跟得上時代的想法與作法才行！「錄影」就是其中之一。

長久以來，我一直在翻來覆去地思考這個問題，計畫這個問題；同時眼觀四方、耳聽八面地注意這個問題；可是無論政府或民間，卻沒有人做這件事。最後我就決定自己來做，因爲再不做就來不及了！

決心既定，我就積極地規畫、設計、實驗、演練。可是當一切都準備妥當，我又躊躇了。前面提過我個性內向，不願拋頭露面；怕人家說王某人老來不甘寂寞，一天到晚背著個攝錄影機晃來晃去出什麼鋒頭。後來事實證明，這樣的話我雖然沒有親耳聽到，卻有人曾當面對我如此說：你退休後以此作爲休閒活動，倒蠻不錯的。我不辯解——天哪！這樣的休閒活動？廢寢忘食，什麼都賠上了，包括健康；分秒爭，什麼都不做了，包括不回山東老家看父母雙親，不去美國看孫子！

三年前，當我「吃了秤錘、鐵了心」，下定決心要做時，我選了個「良辰吉日」，那是民國八十六年元旦。因爲我是民國十七年生，八十六年是我虛歲七十歲，所謂人生七十才開始嘛！

那天上午，我依約到了朱炎教授的府上。「錄影傳記」第一部之所以拍他，原因固然很多；但最主要的因爲他是我的老朋友（這裡面還有一段「文壇軼事」），他比較能信得過我，我可以少卻一些「傳教」的口舌。但拍了二次就停了，直到現在還沒完成。因爲他說：「我何德何能，怎麼可以第一個拍我？」他建議先拍無名氏。因此，第一部「中華民國作家錄影傳記」是《無名氏自傳》。那麼『朱火自傳』爲何直到今天還沒完成呢？原因是自無名氏以來所拍攝的這五十二位作家，年齡都在六十五歲以上；爲了跟時間賽跑，六十五歲以上的就先做。

至於拍攝工作的甘與苦，恐怕能寫一本專書的。每天都工作十幾個小時，連夜裡說夢話說的都是錄影的事——內子笑我瘋了；我可能是眞的瘋了！

好心的朋友們如柏楊兄、如洛夫兄，都建議成立基金會；說我一人的力量有限，要想持續做下去，成立基金會比較好。我十分感激。然而我是在唱獨腳戲，時間排得滿滿的，腦子裡也是滿滿的，還能想別的？我所想的只是如何先把這些「無價之寶」留下，留下，讓大家看看值不值得做。別的以後再說。如今，我所拍攝的將近一百場「藝文活動」的場面都過去了，「錄影傳記」中的蘇雪林教授、黃得時教授、陳火泉老先生都仙逝了；可是在我製作的錄影帶中（將來再燒成光碟片），卻都會永永遠遠地「活」著！活著！

如果我們全國各界，士農工商……其中出類拔萃的人士，各界分別都給他（她）們做「錄影傳記」；各界的各種活動，都能做成紀錄片——從今天起，持續地、永遠地做下去，或者由政府有關部門統籌辦理，豈不是保存文化，「建設文化大國」的最具體的好方法之一？甚至連一些可敬的阿公阿媽，含辛茹苦，培養子女出人頭地；他們的女兒不也應該爲他們拍攝「錄影傳記」，作爲他們自己家庭的歷史文化嗎？

「全民錄影，保存文化！」絕不是口號，而且簡單易行。一個七十多歲的退伍老兵，以一己之力，用克難的方法能做的事；政府部門或民間機構，或者有心人士，做起來豈不輕而易舉！

最後，非常感謝聯副對我的鼓勵和肯定。若不是編者的邀約與催促，恐怕「錄影傳記」做到一百部才提筆。

附錄：那隻舉不起來的手臂

林錫嘉

大家一定會覺得奇怪，爲什麼我在〈詩人生活札記〉中會介紹一位小說家王璞？

當然原因不在他曾於一九五三年前後，在《現代詩》、《創世紀》等詩刊發表過詩作。主要是因爲他用他的生命構築了一首動人的詩篇。

王璞，他本身就是一首詩，一首用生命寫成的詩。

一九九七年，王璞七十歲。一般人這個年齡都被人稱之爲「老人家」了，在家含飴弄孫享清福。而他卻用「人生七十才開始」來從事台灣創舉的（乃至於全世界），用錄影爲台灣當代作家立傳。影像錄影並不是稀奇事，可貴的是他有心有理想——以他的退休俸，節衣縮食，克難創造，不接受任何私人或公家機構的經濟支援，爲〈全民錄影，保存文化〉的理想隻身奮力，從規劃、聯繫、拍攝、剪接、拷貝，自己一手包辦。一個七十多歲的「老人家」，常常一天工作超過十二小時，眞是令人敬佩不已！

記得，那是二〇〇〇年八月，新聞局丘秀芷舉辦一次作家前往南投縣、台中縣參訪九二一台灣大地震的災後重建。七十三歲的王璞也在行列中，他扛著笨重的錄影機全程錄影報導。當我們抵達埔里基督教醫院參訪，他一個跌跤，整個人趴倒在地，錄影機也摔得老遠。大家驚惶不已，趕緊扶起他去看醫生。老天保佑，幸無大礙。但想到當時的畫面，心裡就不捨。

二〇〇五年初，在文藝協會一個會上，他竟然手上無錄影機。很多文友投以關心的眼神，探問之。

「我右手臂痛，抬不起來了！」他憂言以告。

這可是多年來不眠不休的錄影工作所致吧？大家聽了好不爲他擔心。

至二〇〇六年，王璞致力於「作家錄影傳記」已屆十年，他以十年的光陰，投入心血爲台灣現代文學作家錄影立傳，可說是爲台灣現代文學史寫下了一段了不起的斷代史。這一百多部文學家錄影傳記，可以說是台灣文學寶貴的資產。

到明（二〇〇七）年，王璞就八十歲了。

我以他自身就是一首壯麗的詩來看待他，所以在〈詩人生活札記〉中讚歎之！並衷心祝福他〈那隻舉不起來的手臂〉早日康復。

註：本文發表於《詩報季刊》（95年11月），復選入王璞編著《作家錄影傳記十年剪影》（98年6月）。

抹布的故事

謝鵬雄

謝鵬雄，台大外文系畢業，留日傳播學者，資深電視從業人。曾任電視台要職及駐日代表。一生沉潛書海，涉獵文學，作品探索人情之機微，優遊理念之間。觸覺敏銳，言語犀利，關心語言之歷史及文化。爲著名專欄作家。曾獲中山文藝獎。

著作有：《文學中的女人》、《文學中的性》、《透視日本》、《書緣不滅》、《紅樓夢女人新解》等三十多種。

抹布的故事

謝鵬雄

一個家裡最重要的物品不是珠寶、項鍊，也不是豪華的衣服，或時髦的皮包，而是抹布。

抹布價廉，所以不受重視。有時甚至是破舊衣服當抹布用，完全不花錢。它經常是黑黑髒髒地，不討人喜歡。但抹布髒，表示它已發揮功能，把桌椅櫃子、地板擦乾淨了，所以自己變髒。家庭裡，擦桌、椅、櫃、牆、地板、樓梯，百樣東西皆需用抹布擦拭。它價賤而功能高，柔軟而好用，用髒了隨便沖洗一下，又可以用了。故抹布者人間之至寶，而常人忽略之。抹布若有心，雖未必自嘆命薄，但有心人豈可見抹布而不思其德？

在古今的家庭裡，常有黃臉婆。或爲主婦，或爲奶母，或爲女傭，或事灑掃。她們生爲貧戶之女，長嫁失業之民，讀書不多，謀生不易，但爲人老實，力任粗活；稍獲餬口之資，猶須奉上恤下，照顧兒女。她們可能終日垢頭散髮，不暇整齊。但打掃市場，收集垃圾，勤常人之所不屑，補公衆之所忽略。其人也，如抹布，蒙污穢而清市容，說得嚴重些，是亦菩薩行也。這樣的人，應該受到尊敬才對，絕不可以認爲那是卑微之人而瞧不起。

曾經到國外旅行，住在一家廉價的郊外旅館。每天早晨起來，就看到一個中年婦人，提一大桶水，用一塊大抹布，擦拭餐廳桌椅、地板、樓梯扶手。第三天早晨，我和她道早安，問她全部擦完要多少時間。她說早晨六點開始擦，八點半擦完。我和她攀談，她停下手告訴我，本來兩小時也能擦完，但她故意將速度放慢，才能享受擦拭時的韻律感嗎？她說，把它做得有韻律感就有韻律感。有韻律感的工作做不累，沒規畫地做容易累。此外，抹布雖只是一塊四四方方的布，但質料有差別、柔軟的布，吸水的布，才是好抹布。好說，她選料子縫製抹布。那料子比她身上穿的衣料還要貴……。

我覺得我學到了好大的學問。一禮拜很快過去，我要結帳離開時，發覺負責結帳的人也是她。「咦，你怎麼兼做好多事情？」她笑了一下：「我還兼這旅館的經營者！」「你沒雇一個工人！」「雇用工人的話，客人來住就沒法子這麼便宜了。」她面帶笑容送我走。我迄今還記得她的笑容，一種自得而高貴的笑容。

沒有國籍的同胞

林煥彰

林煥彰，宜蘭礁溪鄉人，1939年生。從事新詩寫作已40多年，喜歡繪畫，推廣兒童文學。已出版著作近60種。曾獲中山文藝獎，洪建會、陳伯吹、冰心、宋慶齡兒童文學獎，澳洲建國二百周年現代詩獎章等。曾任中國海峽兩岸兒童文學研究會理事長、中華民國兒童文學學會理事長、世界華文兒童資料館館長、現任亞洲兒童文學學會台北分會會長、聯合報系泰國印尼世界日報副刊主編、乾坤詩刊發行人兼總編輯、兒童文學家雜誌發行人。

沒有國籍的同胞

——泰北難民及其下一代

林煥彰

爲了逃避共產赤禍，爲了生存，也爲了自由，他們背著全部家當，拖家帶眷，離鄉背井，翻山越嶺，爲自己的國家民族，也爲泰國政府打過無數個大小戰爭，然後流落泰北邊境巒荒山區，四十年來，什麼也沒有得到，反而成爲被誤解的、背著冤屈的一群沒有國籍的同胞……

五月初，正值泰國最炎熱的季節，我們拜現代交通工具之賜，在一位盡職負責謙卑有禮的泰國青年安全駕駛的護送下，在短短的三天裏，跑遍了泰北清邁、清萊兩府（省）邊界，探訪了我國前雲南人民反共志願解甲歸農後留駐下來的幾個代表性的「難民村」，對四十年來，傳聞流落泰北的同胞目前的實際生活以及對下一代的培育情況做了一些了解。

在清邁、清萊的中國「難民村」計有六十六個，總人數約七萬多人；我們走過的，包括位於清邁府泰緬邊界的大谷地、新寨、唐窩、華亮、熱水塘（原光武新村）、萬養等村，及清萊府泰緬邊區的帕黨、滿堂、回鵬、滿星疊、美斯樂等。所到之處，有的已經成爲美麗的家園或觀光區，但大多數因地處貧脊山區，又列爲「軍方管制」，居民進出諸多限制，生活極爲艱苦；我們「走馬觀花式」的訪問，聽到的句句都是血淚，看到的個個都是歷史的見證，再冰冷的心也無不爲之溶化！

五月三日上午，我們首先在清邁市郊一處有椰子、蓮霧、荔枝等果樹掩映的一座平房宅院中拜會了李文煥將軍；李將軍年事已高，今年七十五歲，多年前生病，目前行動、言語都十分不便；一位曾經統領七千多大軍在泰緬邊界協助泰國政府殲滅泰共的將軍，軍隊遣散後，仍然心繫部屬的生活、事業，他的未盡心志，卻由他的長女李健圓女士肩負起這份道義的重責大任；她目前擔任雲南會館清邁分會理事長，爲了解決部分難民就業謀生的問題，設立手工加工廠，以麥杆製做苕帚外銷日本等地。

拜訪李將軍，第一個印象彷佛讓我看到一頁辛酸的歷史，全部停駐在這位老將軍無言、呆滯的眼神中；將軍不言不語的神情，彷佛說明了他和他萬千子弟兵成爲今日流落異國邊境艱苦求生的難民境遇，是多麼的無奈！

無語，是說明了一切嗎？

歲月，是多麼的無情！

現實，是多麼的殘酷！

在開往大谷地的途中，爲了想多了解，話題轉到目前將軍是否還必須負責照顧舊部屬的生活時，李將軍的長女一時語塞，一股辛酸熱淚禁不住泉湧，從她堅毅而臘黃的顏面流瀉下來，久久久久才說出將軍未盡的責任，都由她承擔。

大谷地村已成立二十一年，地處邊隅，二公里外就是緬甸邊境。村裏飲水、道路、電火基本上都已解決，並且有農場、牧場、醫療院等設施，是得自國內某些單位的救助；村民目前有六百餘戶，人口四千二百餘人。大部分房舍以茅草、竹片或木板、鐵皮搭蓋，也有少部分是石棉瓦和空心磚牆，與一般泰北農村住戶條件不相上下；村裏有一口大水塘，方圓大約占地十萊，這個貧脊山區，有這樣的天然資源，也算得天獨厚，對農作物的灌溉有極大幫助。

爲了下一代的教育，也爲了發揚中華文化，保存優美傳統，大谷地村裏設有「兒童華文識字班」，八十二學年度有學生一五〇名，教職員三十位；包括初中部一至三年級五班，小學部一至六年級十七班，幼稚園六班，規模可謂不小。學生上課繳學費，每月中從一四〇到一六〇銖；小學從四十到一百一十銖；幼稚園四十銖（泰幣一銖約合臺幣一塊一）；教師薪資每月二千五百銖左右。校舍是石棉瓦屋頂、空心磚牆，但還無力裝置門窗，照明極爲簡陋，一間教室只見兩支二十燭光的燈管；上課時間，是利用清晨五、六點及傍晚六至九點的時段，白天上泰文學校；我們來到的這天，正看到他們在辦理新學期註册，很多年輕媽媽帶著小孩來報名，教務人員則在陰暗的室內整理剛由僑委會寄到的新課本。

華文學校的開設，在過去是受泰國政府限制，近一、二年才稍微放寬，所以學校不能公然掛牌，校舍都化整爲零（不敢集中）、分散教學；因此看到「識字班」本部辦公室門上高懸的匾額「禮義廉恥」四個大字，頗有象徵中華文化精神堡壘的意義，令人眼睛發亮，不禁爲他們在異域如此艱困環境中仍不屈不撓關心下一代傳承中華文化教育做出貢獻，由衷敬佩。

在位於清邁省差巴干縣境內的唐窩、新寨、華亮三村，我們只短暫停留，匆忙走過；但望眼所見，在一片貧瘠的黃土地上，能耕種荔枝、桃子等果樹，對生活的改善，都有或多或少的幫助；住的方面，也大多從過去的草房改爲洋瓦房（石棉瓦），只盼望在有限的種植之外，再獲得多一些外界支助，解決化肥、種牛、種豬的不足，增進副業收入，改善貧困的生活。至於適齡學童的教育，除了必須照規定進泰文學校外，各村也都設有中文補習班，但經費及師資、薪水仍然存在著不少問題，有待解決。

在路過唐窩村時，我們曾對坐落在一座小山頭上的「忠烈祠」做了一番憑弔，面對三千多位殉難的「浩浩海天揚正氣，巍巍泰嶽祀忠魂」的牌位，心情無比沉重，感慨萬千！

午後二點，我們風塵僕僕在大太陽底下來到熱水塘。這裏有溫泉而得名；它是李將軍於雲南游擊部隊總部第二次撤臺後，向泰國政府請准贈地建村，已有卅年；由於建村時間較久又得到地理環境的優沃條件，居民生活情況都較上述幾個村落爲佳，目前有五八〇戶，總人口數爲六、四三九人，男性約占五分之三；以農爲主，少數經商，青年多在外求職；可耕地一萬多萊（每萊爲一千六百平方公尺），生產馬鈴薯、荔枝、龍眼、玉米、山穀、芋頭、蔬菜等爲主，並有苕帚、葫蘆、桃子、薑等加工廠及洋芋公司。少年兒童均入泰文學校，中文教育以「補習班」方式早晚授課，白天讀泰文。泰文小學一至六年級人數四八〇人；中文國中一至三年，小學一至六年級計五六一人。歷年赴臺升學讀大專院校者，有二百多人，在泰國升讀高中、大專院校者，有百餘人。可見他們對下一代的教育至爲重視。

萬養村位於清邁省芳縣境內，是民國四十三年由我政府向泰國政府交涉而得到庇護後建村，是泰北歷史最久的難民村。村民目前只有一、二七一人（二四三戶），百分之九十係國軍滯留之軍眷，在段、李兩將軍領導下，曾參加泰軍帕門山、考柯、考牙之剿泰共戰役，奠定了在泰的居住權。同時還蒙受泰皇室恩賜，皇帝、皇后、皇太后、皇儲及二公主等曾五次蒞臨宣慰，並御賜觀音寺地址，指示建蓋中國式觀音寺，設立工廠、發電廠等公共設施。

這裏已有城鄉繁榮景象，村民奉公守法，以種植荔枝爲主，桃李梨爲副；年老者在家種植果樹，年輕一代入泰籍後，絕大多數至外地打工，在曼谷者，大有人在，有的月俸已三萬銖；有的遠至日本、臺灣，月薪更高。相對於該村忠貞中學教師每月只有三千多銖的收入，可有天壤之別。老一輩一棵一棵種下的荔枝、桃李梨有七萬多棵，均已果實纍纍；近十餘年來，豐收年，水果出售價值約兩千萬銖以上。儘管生活對他們來說，已不成問題，但他們最關切的，還是「身分問題」；他們傾力辦學，無論中泰文，都大力支持，把希望寄託在下一代，只有讓下一代受到良好的教育，取得合法身分，人人才有出路。在四十年的勤奮經營下，年輕一代已打入工商界及服務業服務，有辦旅遊公司，也有開食品工廠……

帕黨村，也叫帕當，屬於「軍管」；在進村前約十公里處，設有「檢查哨」，由泰國軍方管制。上午六點以前及下午六點半以後，未有特別准許，不得自由進出。它位於清萊省緬甸邊界山區，海拔一千五百公尺左右；成立於廿四年前，在十多年前，還是一片蠻荒，因爲天天作戰，打泰共；直到民國七十年二月間考牙之役，由陳茂修將軍指揮，徹底巢滅泰共後，他們才就地解甲歸農，開始安家墾植營生；目前一四八戶，九一九人，十八歲以下四八〇人，幼稚園到國小六年級孩童有二八四人。這裏村民散居山區，學生上學，有的要走四十多分鐘。他們上午八點半起上泰文，到下午四點下課；利用早晨及傍晚六點到八點的時間學習中文。和其他村子一樣，泰文學校由泰國政府辦理；中文的補習授課，由村自治會負責，教材來自我國僑委會提供，但師資極爲缺乏，大多由自治會幹部擔任；薪水極低，每月只有一千五百銖，還是最近調整的。在這村裏「培英小學」擔任教務主任的李先生，現年三十八歲，他是義務任教；他說他沒有受過一天的正規教育，二歲時就隨父親從雲南家鄉逃到緬甸，三、四歲起就開始聽慣了槍砲聲，在逃難中長大；十六歲由緬甸隨部隊來泰緬邊界作戰，目前才有一個二、三的小孩。

這裏的村民，大多父母年老，子女幼小，或老夫少妻（四、五十歲才結婚，多娶當地少數民族，如苗、瑤等少女）。老夫由於長年流離、戰亂，即使早年結婚，也是近年安定後才開始生育，因此父親病故或母親出走（單親家庭）日漸增多，形成不少孤兒問題。幾年前，有位臺北來的錢秋華女士在該村創辦一所「溫暖之家」，專收這裏的孤兒；從四、五歲到十六、七歲都有，目前有四十多位，免費照顧他們，還聘請專人給予妥善管教；如擔任「教師媽媽」的二十來歲的卓小姐，也來自台灣，在這「溫暖之家」已服務五年，另一位出身於台灣海洋學院航管系的沈小姐，也來了半年多，她們都默默的奉獻自己一份堅毅、博愛的精神和個人的青春。

帕黨村占地約八千一百多萊，因位居高山，坡度大，岩石多，可耕地僅一千萊左右，以馬鈴薯、洋蔥等短期作物爲主，生產有限，生活情況比清邁的某些難民村要貧困許多；我們頂著正午的炎陽天爬上帕當山頭，憑弔古戰場，在跨一步就是緬甸國界的懸崖上，遙望泰緬兩邊已呈太平安定的景象和青青蒼蒼的土地，聆聽老戰士們細述過去悲慘的戰史，思潮洶湧，無限感慨！

難民的現實生活的確付出了很大的代價，但下一代的教育，總叫人看到了未來希望的所在。下午三、四點鐘的太陽仍然不滅炎熱的威力；三十八、九度的大太陽底下，我們看到了復華中學全校四百五十多位師生，擎著中泰兩國國旗、列隊、奏樂又高唱「梅花」、「中華民國頌」、「我是中國人」的愛國歌曲，歌聲整齊、高昂、汗流浹背的熱烈相迎，心情頗爲沉重複雜。在這裏擔任校長的，是一位三十二歲青年李先生；他在給學生的講話中說：「我們盼望長大，盼望有一天能回到自己的國家；我們立足泰北，但要胸懷祖國，放眼天下。」他充滿熱誠、幹勁和奉獻的辦學精神，是堪稱難民村中知識分子少有的楷模。

這所中學，設有小學、中學和高中部，是目前泰北難民村中少有的較完備的一所中文學校。該校爲了鼓勵學生繼續升學，高中部學生一律免收學雜費（每月約一千銖）；所有學生都按規定，白天上泰文，清晨、傍晚才來念中文。在三位高中三學生中，我們訪問了其中的一位刁同學，他即將畢業，本想申請到臺灣升學，但沒有泰國公民證，無法如願；但他表示會留在母校任教，並希望能兼任世界日報的地方記者。到臺灣升學，似乎是難民村大多數學子的心聲，但存在著不少的現實問題有待解決！不知誰能爲他們伸出有力的援手？

五月六日，我們走訪也是臨近緬甸邊界的滿堂村，它是屬於平地村落；建村已有卌九年，村民勤勞奮發，大多已取得公民證；耕地雖少，但能以養雞、養豬或做小買賣爲業，年輕人則到外地謀生，所以一百八十多戶人家，一千多人，學生就占了五百多位；生活情況普遍還可以稱得上小康。村中的建華中學，附設小學、幼稚園；校務在新任黃校長掌理下，辦得有聲有色；校舍已全部改建成水泥、磚瓦洋房，鄰村來上學的孩子，每天還有包租專車接送，比一般情況，顯然好了許多。所謂一分耕耘一分收穫，都是全靠每個人自己的雙手努力耕耘得來的。

從滿堂到回莫村，大約走了二個小時車程的山路；有一段二、三十公里的黃土山路，以滾滾黃土灰把我們迎接到蓋在一座小山頭的健行小學；二百多位學童，從四、五歲到十二、三歲（其中有五十多位是當地阿卡族的孩子），在正午的炎陽下列隊站在斜坡的臺階兩旁相迎，大多黃黃黑黑、瘦瘦乾乾的小臉蛋，看了就叫人眼眶發熱！

這個村子，在我們所走過的難民村中，是最最令人心酸的一個；一百多戶人家，有七百多人；據說沒有一個人取得公民證，難民多數與當地阿卡族少女結婚，從事稻穀、包谷、黃豆等耕作，每戶每年收成大約只有二、三千銖，生活之貧困可想而知；由於沒有公民證，他們如果想將土產品送往山下出售取爭好一點的價格，都有很大的困難。

這裏的難民，據說是我國政府某單位於一九七五月七月一日裁撤時留下的，他們求助無門，滿心悲恨和無奈，不知向誰申訴！

在千迴百轉的黃土山路中，我們忍受著坐在大太陽底下烘烤的麵包車裡，繼續轉進，匆忙走訪了回鵬村、滿星疊和美斯樂；沿途所見很多悲苦的情況，也看到了不少難民，三、四十年來辛勤經營的成果，例如今日的美斯樂，不僅成爲難民安居樂業的家園，並且還發展成爲觀光場所。對於滿星疊大同中學孫斌校長的興學精神，最是令人敬佩。孫校長今年已七十五高齡，是廿八年前老兵退役後就一直在這兒從事中華文化的教育工作，從勸募捐款建校，到目前擁有二十多間磚瓦蓋的校舍，以校養校，培育英才，造福難民同胞，厥功甚偉！

目前，大多數難民還沒有取得泰國政府核給的公民證，一般拿的是「隨身證」、「難民證」或「臨時證件」。這些沒有「字」（公民證）的難民，如果要到他處謀生，必須向當地縣政府申請通行證，否則就不得在外工作或居留。

他們都是中國人，但沒有中華民國國籍，不能到臺灣定居。

他們都是中國人，沒有泰國公民證，只能呆在「難民村」，沒有行動和就業的自由。

他們都是中國人，但他們不願回到中國大陸，那眞正是他們自己來自的地方！

這是誰的錯？歷史的錯？他們自己的錯？是中國海峽兩岸哪邊政府的錯？還是泰國政府的錯？

是命運之神的捉弄嗎？問題太多、太複雜！不知如何探究？如何解決？不能解決的問題，是否眞的就只有讓「時間」來解決嗎？

不大不小的戰爭

林錫嘉

林錫嘉（1939～　）台灣嘉義人。台北工專機械科畢。曾任台灣肥料公司工程師及《台肥月刊》總編輯。現在擔任中國文藝協會《文學人》及中華民國新詩學會《詩報》編輯。並於民國71年創編台灣第一部《年度散文選》。曾獲中國文藝協會文藝獎章、全國優秀青年詩人獎、青溪散文銅環獎。

著作有：《竹頭集》、《檸檬綠大錦蛇》、《六六集》、《屬於山的日子》、《親情詩集》、《濃濃的鄉情》等二十餘種。

不大不小的戰爭

林錫嘉

四隻老花眼，透過厚厚的老花鏡片，狠狠的盯住那小不點，但見那小東西，斜斜的
刺在皮肉之間，在手指紋路之間，卻有如高山谿澗深處，叫人挑之不易，夾之也難……

右手食指，不知什麼時候刺進一根又小又細的刺。白天忙於工作，也都沒注意到，即使偶爾在寫字時不經意碰到才感覺有些微的刺痛，也沒太在意就過去了。

晚上寫字正入神之際，眼光忽然瞄到了握筆的食指上，有一個小紅點，約莫半公分直徑了，有如被蚊子叮到的紅腫一樣。這個小小的紅腫，中間有一點小黑點。準沒錯，就是它，那便當盒的竹筷子惹的禍。

已經不止一次有這種經驗了。別小看它只是一點微不足道的小竹刺，如果不及時予以挑除掉，不出個把星期，它會由紅腫轉而發炎、發膿，一個小小的黃色膿包很快就出現了。此時，你就得花較多的時間去處理。先要用細細的針把膿包刺破，將膿出；還得把那小不點的竹刺挑掉，然後塗藥。這事竟也要花上個把星期才能除去皮肉之痛，完全癒好。

通常，中午都會在辦公室後面自助餐館買個便當，解決午餐問題。匆匆也已過了十年。

而被便當的竹筷子那細細的竹纖維刺傷，也偶爾會發生。因此，每一次買回便當，我心中就開始浮起一絲害怕的感覺，心裡也多了一份備戰的壓力。不管便當裡的菜肉香味已經從飯盒裡散發出來，引人垂涎。然而，每一次拿起筷子，要撕開那層薄薄的塑膠膜，就好像要剝下蛇皮一樣，心中有些畏怕，一不小心就會刺到手。撕開塑膠膜後，更需要小心翼翼的去扳開那孿生兄弟般粘在一起的二支竹筷。扳開後，還得用左右手拿著筷子相互刮修，直到把筷子表面細細的竹絲刮乾淨，才敢把筷子夾入手中。而在飯前，光是這一長串緊張的折騰，享受午餐的心情早已去掉一大半！況且，即使竹筷子已刮修過，但每一次手夾竹筷子吃飯，於手指頭的夾動之間，總還覺得虎口這塊又皺又薄弱的皮在顫抖，很怕一個不小心又會被筷子那軟中帶硬的竹纖維刺傷。尤其那一丁點兒的竹刺，細細小小的，它就淺淺的嵌在皮肉之間，不深也不痛，讓人不太容易察覺，總要挨上三、五天之後，傷處紅腫了，慢慢發膿了，才會發現到它的存在。此時，用手輕輕觸摸，已有刺痛的感覺了。

稿子再也無心繼續寫下去，趕快請妻過來幫忙。二個人，四隻老花眼，就在光亮的燈照下展開剔除竹刺的戰爭。我們把雙手洗淨，妻拿來她的針線盒，挑了一根最細的針，拭淨。二人對坐於燈下，除了我受傷的右手之外，其他三隻手，忙亂成一團；一隻手拿針，另二隻手忙著掰開竹刺的部位，好讓那小不點微微露出它的破綻來，然後拿針的手開始又挑又撥，挑撥之不足，挖之剔之。一陣忙亂，四隻老花眼，透過厚厚的老花鏡片，狠狠的盯住那小不點，但見那小東西，斜斜的刺在皮肉之間，在手指紋路之間，有如高山谿澗深處，叫人挑之不易，夾之也難！

唉！這小東西，說起來也賊頭賊腦的。我們挑這邊，它就歪那邊；我們剔這頭，它就躲那頭，好像夜裡的偷賊，身手輕巧、閃躲快捷，一溜煙就閃入不易察覺的角落裡，叫人徒呼奈何！

妻有時心急，一時下手力量重了些，剔入皮肉深處，我被刺痛的手微微顫動一下，她立刻感覺得到，抬眼看我，帶著幾許歉意的眼神好像在問我，剔痛了嗎？人的一生，總會碰上一些痛。然後，痛，除了童年時父母親疼愛的眼神之外，就要數妻這個關愛的眼神最窩心了。

突的一陣痛楚，終於剔除掉這小搗蛋，心中無比暢快。今晚，二個人，四隻老花眼，就爲了這根，也不算是一根　該算是一點吧——那竹刺，我們二老折騰了半夜。摘下老花眼鏡，頓覺眼前茫茫一片。人生，何其可笑，這不大不小的戰爭！

90·10·05聯副

孫運璿先生的第七個孩子

丘秀芷

丘秀芷（1940～ ）本名邱淑女，台灣中壢市，世界新聞專科學校畢。曾任中學教師、行政院新聞局顧問。曾獲中山文藝獎傳記文學類、國家文藝獎散文類。

著作有：《悲歡歲月》、《蔣渭水傳》、《丘逢甲傳》、《留白天地寬》、《每人一串鑰匙》等。另編有《智慧的薪傳》、《和風集》等報導文學專書，並策劃攝製爲電視系列專集，爲文化傳承做諸多貢獻。

孫運璿先生的第七個孩子

丘秀芷

永遠的台電人

民國七十五年夏天，我的主業是「家庭管理」，副業寫作。有天，孫運璿先生派人找我去他家。在此之前，我從未面見過孫院長。但作個系列介紹女性佼佼者，曾到台大食品研究所訪問所長，介紹食品學術界四大女金鋼之一——孫璐西。以爲院長因爲女兒之故想見我，誰知我到重慶南路孫家，已中風二年餘的孫院長，見面第一句話竟是：「丘小姐，謝謝你爲台電寫很多篇報導。」

那是文建會要我做的「一步一腳印」專題，以文學角度介紹台灣士農工商交通等各方面的成長。我寫水、電、公路、離島、音樂、農業等領域的文化，類似報導文學，但從歷史的角度切入。寫台電除了清代以降的台電史，也落筆在剛光復時「孫工程師」帶團隊在短時間內修復電力，及台電人多年來在深山老林離島海濱的扎根，更有到沙烏地大漠的建設。

爲了這些報導，除了找清史、日據台灣史，更多次訪問台電上上下下許多人，就是不敢訪問已中風的老院長。明知台電人「一朝爲台電人，終生爲台電人」的固若金湯凝聚精神，正是光復節即來台的孫總工程師所奠定的。也清楚台電是孫院長的「第五個孩子」，那是孫璐西說的；而他的「第六個孩子工研院」，我還不大清楚，當時電子科技才起步沒幾年，只知道孫先生的許多政策，把台灣從曾讓國際形容爲「垂死」的狀態帶向經濟起飛。

看孫先生已復健得能走路，步履雖蹣跚，卻也能穩定前行，而說話思路十分清明，腦力沒因中風而受損害。我由衷的說：「院長，謝您爲台灣做那麼多事。」誰知他臉色黯淡下來，說：「文化建設做太慢太少了，來不及了！」我十分吃驚！文建會是他民國七十年一手成立的，文化藝術季也是他全力推動的。甚至原先沉靜的金鐘獎、金馬獎、金鼎獎，也是他在民國六十七年院長後才擴大，而國家音樂廳、國家戲劇院、各縣市文化中心，全是他全力主導一一落成。

念念文化建設

他卻懊惱文化建設做太少了，做慢了。也許，較諸台灣經濟快步起飛，早年由財經官員主導，而電力工程師、經濟部長出身的孫運璿先生當行政院長之後，才著重於文化推展，是慢了。而已中風、從死亡邊緣回來的七十多歲老人，念茲在茲的竟是人文建設。

這之後，孫院長又找我和他們家人吃過幾次小館子，甚至同去基隆協和電廠郊遊，烤地瓜。在外面吃飯，老院長常想多吃一塊肉、一點甜點，都被夫人制止住。我心中想說：院長，控制飲食，趕快好起來，再回行政團隊帶我們，好好建設文化。民國七十六年，我告別悠遊的主婦寫作生活，被行政院新聞局找去做文化工作，忙，加上不久後搬家，又沒主動聯絡孫家，就暫時沒往來。只有在許多文化活動上見到老院長，我會上前致敬打招呼。

我所認識的孫運璿

直到民國八十一年底，有天孫璐西打電話到新聞局找我，要我爲她老爸八十大壽編一本書，書名已定爲《我所認識的孫運璿》。當時《孫運璿傳》已出版三年，而且版稅四百多萬悉數捐給「台北榮總惠衆基金會」。璐西說找我找了好久，找到後來才發現我搬的「新居」與她家近在咫尺，同一里、同一條巷子。《我所認識的孫運璿》與《孫運璿傳》不同的是，它不是一人著作的傳記，而是由與孫先生熟悉的人動手寫的文章輯成。約稿由璐西負責，只有二人由我訪談紀錄，其中一人竟是我的頂頭上上司郝柏村院長。又有兩篇由孫院長外國老友寫的，其中一篇我交給寫作五、六年的兒子翻譯，只是希望兒子能因參與這件有意義的事，培養器宇。

我工作的困難度高些，有些赫赫政經界名人，大概寫八股文慣了，太四平八穩；有些則情眞意切，但如長江大河不知遏止，甚至支流漫漫，沒有中心點。璐西跟我說：幫忙剪裁，我眞的是不知如何「裁」，費了好些思量。最令我驚奇而不費事的是孫家的人，個個會寫文章，不管院長的弟弟、妹妹、四個兒女，每篇文章都自然動人，沒有贅句，十分有趣，他的老同學、老友人寫的文章也都很有內容，最有趣的是孫院長中風後，寫數封信給夫人，字變成小二生的字，沒有標點，滿紙的情和愛戀。爲了編這本書，常去孫府，有意思的是在探索某些照片的人、地、時間，老院長的記憶比夫人好，一下子就能說出來。一點也不像得過大病的人。

一天，老院長憂心的跟我說：「以前，我讓新聞局設置專案室，聯繫藝文界，照顧藝文界，也發揮文化力量，不知現在還在不在？以前是姜穆在負責。」我覺得好笑，說：「院長，我就是在七十六年接姜穆的工作，只不過我不喜歡專案室那名稱，我的職稱是編輯顧問，已經編很多書、舉辦很多藝文活動了！」他十分喜歡的樣子，直說：「有繼續做，那就好，那就好！」

《我所認識的孫運璿》終於編好，我在後面加了年表。孫夫人一定要我寫序，我不敢逾越，只在書後寫個跋，算是不違逆長輩的意思。印這本書，全是璐西拿錢出來，不要收據抵稅的，讓我見識孫家人的公私分明。我不肯收編輯費，孫夫人竟送我一條很好的項鍊。而書的內容，由許多人從許多角度寫，正顯現立體的、深度的、歷史的孫先生。尤其孫先生自己幾篇病前、病後的文章，更可讀出他的理想、熱血和眞摯。

去年暮春，在葉樹姍邀約下，樹姍母女和她雙親、一鴻（孫先生小兒子）、孫院長、夫人和璐西，我們一塊聚餐，但院長夫人也舉止不便，她和院長都不認得我了。

而我也離開原先有意義的文化工作崗位。看老院長的狀況，我十分悲涼，想著，他第一次看到我時說的：「文化建設做得太少太慢了！」看世局紛擾，只有慨歎時不我予。

今年二月，院長又進榮總，又與死神搏鬥，終究九十三歲高齡，他走完該走的路，而報章電視新聞，盡是介紹他的「第五個孩子台電，第六個孩子電子科技」，我不禁想：大家忽略老院長的第七個孩子——文化建設。我也在感慨 這第七個孩子還沒茁壯成長！

【註】此文刊出後，許多孫運璿先生的年輕網友自稱爲「小八」。原來他們延續第五、六、七個孩子的排行，把自己列爲孫先生的第八個孩子。

信

李玉屏

經歷：國立中興高中英語教師（民國53年8月至83年7月）；救國團「南投青年」主編（民國79年9月至82年8月）**得獎記錄**：一、民國77年中華日報與省新聞處合辦短篇小說獎；二、民國79年中華日報主辦梁實秋散文獎；三、民國81年中央日報文學獎探親文學類；四、民國82年教育部研究創作獎；五、民國87年第39屆中國文藝協會報導文學獎。**作品**：【翻譯】世界文學名著二套38本（民國57年）東南亞書局；【小說】弦　（民國68年）七燈出版社；紅塵（民國82年）南投縣文化中心；【劇本】成語劇場（民國82年）業強出版。【傳記】攀越自己的高峰—生命的故事（民國91年）聯經出版；莎士比亞傳（民國96年）聯經出版；【兒童文學】愛牠，就給牠自由（民國94年）（行政院農業委員會特有生物研究保育中心出版）【報導文學】城鄉采風（民國86年）省新聞處出版；珍惜擁有：溫馨寶島情（民國86年）省新聞處出版。

信

李玉屏

認識秀美，是從一封信開始。

親愛的吉蒂媽媽：

妳寄來的錢，收到了。媽媽買了一隻老母雞來進補。媽媽說，謝謝妳。

上星期月考，國語和常識我都會，只有算術考得不好，尤其是雞兔同籠我總是算不出來。

祝妳健康美麗。

秀美敬上。

信中的吉蒂媽媽，是美國人，透過基督教兒童福利基金會的家庭扶助中心，認養了台灣的秀美。

秀美寫的這封中文信，還沒有寄到美國之前，先到我手上，我是信件的翻譯人。當時我在高中教英文，利用課餘之暇，做義工，替家扶中心的孩子和他們的國外認養人，做一個溝通的橋樑。也就是說：把孩子們寫的中文信翻譯成英文，再把認養人的英文信譯成中文。

家扶中心的孩子，每年至少要寫兩封信：一封在聖誕節前，恭祝他們的認養父母身體健康、聖誕快樂、新年如意。另一封則在新年以後，報告他們目前的生活情況或是學業問題等。

一般來說，國外的認養父母都會在收到信後，寫封回信，或是寄份禮物。有些關心孩子的國外認養人，甚至每個月都有來信，家扶中心的規定是：有信必回。

我們這個縣很大，清寒學子也多。民國七十年初，國外的認養人就有四五千人，來來往往的信件，每年高達兩萬封以上。這些信件經家扶中心登記後，交由我翻譯。因爲人數太多，信件複雜，爲了整理上的方便，我把雙方的來信和我翻譯的信，都存有底稿，做成檔案。

秀美的信寫去後不久，吉蒂媽媽的回信來了：

親愛的秀美：

隨信附上十元，請妳母親用這個錢去買一隻年輕的小雞，因爲母雞已經老了，本身就沒有營養，吃了它，不會增進健康的。

雞和兔子不是同類，習性和取食方式也不相同，把牠們放同一個籠子裡，一定會打架。妳們做這樣的實驗，眞有趣。

很喜歡讀到妳的信。新的一年，祝妳學業進步。

吉蒂媽媽寫于美國

吉蒂媽媽的信，讓我深深體會到中美兩國在文化間的差異。這種差異，不是一個國小五年級，只有十一歲大的孩子說得清楚的。我想，爲了不傷孩子的心，我是這樣翻譯的：

親愛的秀美：

妳的母親身體好些了嗎。希望她身體早日康復。我隨信寄上十元，再買隻老母雞進進補吧！

美國人吃雞，喜歡吃小雞，小雞比較嫩，燒烤煮炸也比較快，吃起來較有口感，至於是否補身體，就不得而知了。中國人的飲食文化，已經有五千年歷史，以老母雞進補，一定有道理的！

妳說妳算術不好。秀美，算術是很有趣的，想想看，兩隻腳的雞和四隻腳的兔同在一個籠子裡，由腳的數目，算出雞兔的數目，眞的很了不起呢！我們這裡的人都知道台灣來的學生，數學最強，看了妳的信纔知道，原來妳們是這樣訓練出來的。秀美，妳要認眞地學，說不定妳以後會成爲算術家哦！

愛妳的媽媽吉蒂

這封信後，秀美又連續寫了幾封。從秀美的信裡，我知道她住在鄉下。爲了生活，她的父親到城裡做建築工人，兩年前在工地挖地基的時候，被大石塊擊中，不幸喪命。她母親在親友的資助下，每天清晨家附近的市場賣些小菜，養育三個孩子。秀美是家中的長女，她有兩個弟弟。秀美要做家事，又要照顧弟弟，是個好女孩。我雖然沒見過秀美，從她的信中，已有感情。最記得她寫元宵節提燈籠的事。她只寫了幾個字，我卻編了一大段。我告訴她的吉蒂媽媽，有關提燈籠的由來。我寫說：農曆新年，對我們中國人來說，是個感恩的日子，感謝天上的衆神一年來的賜福與照顧。所以過年期間，民間焚香拜神，請天上的衆神和美麗的仙女，來到人間，與民同樂，共度佳節。十五天後，年節結束，一切恢復正常，農人要開始下田，學生要開始上課，工人開始上工。可是，有的仙女會玩得太快樂了，而忘了返回天庭。於是，人們就在晚間，提上各式各樣的燈籠，希望還能找到漂亮的仙女，請她們留下來，留下來做人間的妻子！

藉由翻譯，我把孩子的信加長了，內容豐富了，也把中華文化宣揚了。不久，吉蒂媽媽的回信也寄到了。

她在回信中特別提到元宵節的事。她說：信中提到的元宵佳節，是個多麼美麗的夜晚，我可以想像得出來，一群快樂的人，提著一盞盞的燈籠，在找尋仙女。忽然有人高興地大叫：我找到仙女啦！

她又說，從秀美的信中，她慢慢地了解到，中國文化也有浪漫多情的一面。浪漫可以讓生活變得輕鬆愉悅，多情讓生活變得多采多姿……。

吉蒂媽媽還提到我，她說她喜歡讀我翻譯的信，她覺得我是個悠閒的文化人希望跟我交個朋友。

從來信中要和我交朋友的不止吉蒂媽媽一人，有好幾位國外認養人都在信中提到，但是我沒有回應。我的工作是把孩子跟認養人之間的溝通儘量做得完美。何況，我在翻譯信件的同時，就是她們的隱形朋友，我應該保持我的隱密性。

她說我悠閒，其實我很忙。我要教書、要管家、要寫文章，還有這麼多信件等著我翻譯。雖然辛苦，卻甘之如飴。這份義工，作了將近五年，直到台灣提升到經濟開發的國後，纔停止國外的認養措施。

秀美升到中學後　就失去了音訊。

好多年後，學校新進來一位年輕的英文老師，白白的、高高的，文文靜靜的臉上總帶著笑，她也叫秀美。我們同在一個辦公室，偶而聊聊天，她告訴我她的父親很早過世了，母親身體不好，經常生病，她還有兩個弟弟⋯。我想，不會就是那個寫信的秀美吧！

有一天，我們倆帶學生去台北參加全省英文作文比賽。晚上同住一室。聊到英文，她告訴我，她從小學就和一位美國媽媽通信，雖然英文信不是她寫的，可是這些信都留著。上了中學後，她努力學英文，把以前的信一封一封地讀，不懂的單字一個一個地查，她非常感謝那位翻譯她信件的人。她到家扶中心問過幾次，希望能當面謝謝那位翻譯者，家扶中心的工作人員不告訴她，只說，如果妳要感謝她，就把英文唸好！

如果我猜得不錯，她就是那個秀美！

她沉默了一會，突然問我：妳知道元宵節爲什麼要提燈籠嗎！

我的心一驚，果然是她！

刹那間，我本想告訴她我就是翻譯信件的人。可是，話剛到嘴邊，我停住了，我要保守這個秘密，有些事存在心裡比講出來，更有意義⋯。

我只是看著她，微微地搖搖頭⋯。

她笑來，輕柔地說：提著燈籠，去找仙女⋯⋯

●卷二●日麗

苦瓜的滋味

涂靜怡

涂靜怡，台灣桃園縣人，出生在一個貧窮的家庭，父母早逝，靠自己奮鬥，以半工半讀完成學業並考上公職。自幼愛好文學，1967 年開始發表散文作品。A 型浪漫的雙魚座，造就了她走上寫詩的不歸路，愛詩，編詩刊之外，也酷愛繪畫和旅行。她目前是《秋水詩刊》的主編，同時也是 1980 年第十五屆中山文藝獎（詩歌類）的得主。著有詩集《回眸處》、《紫色香囊》，散文集《我心深處》第十六種，（另有大陸版四本）

苦瓜的滋味

涂靜怡

臺灣有一句俗語，形容臉上沒有笑容的人，或是長得比較醜的，就謔稱他爲：「苦瓜臉」。爲什麼要這樣說呢？我不知道？不過我想，這也許和苦瓜那種凹凸不平的外貌，以及它苦澀的滋味，所留給人們的印象有點關係吧？

以前我很不喜歡苦瓜，討厭它那種苦苦的味道。這不是沒有原因的；記得十五歲那年，我隻身從鄉村來臺北求學，白天在一個家機關裏打工，生活很孤單，也很苦。我吃飯是在公家的伙食團裏搭伙，說來眞是玄，這個伙食團裏的廚師是一位福建人，也不知是怎麼搞的，他對苦瓜好像特別感興趣，遇到苦瓜上市的日子，總不忘安排讓它上桌「亮相」，一個星期內，至少要叫我們吃二三次，有時候甚至還要多。

儘管廚師先生的烹調，花樣繁多，有用豆豉和辣椒炒的，也有把苦瓜的中間挖成空心，再塞進肉末加上紅燒的（這些都是後來我自己學做時才知道做法的）。總之，他烹調技術好像很高明，因爲我發現，同桌的人幾乎個個都吃得津津有味！只有我，每一次看到了苦瓜，就會皺眉頭，打從心裏討厭起來。而對於那些愛吃苦瓜的人，心裏也就存了一份疑惑，弄不清他們何以要這樣「自討苦吃」？

我不吃苦瓜，是我一直認爲我的人生苦多樂少；我的流浪生活，常使我感到自己命苦。沒有親人的照顧，小小的年紀便要爲生活奔波，比起同齡的同伴，我算是最苦的一個了。苦，好像是影子，緊緊地跟著我，我也就討厭一切屬於苦的東西，包括生病要吃的藥。我日夜都在巴望著一種甜蜜的生活，和親情的慰藉，來滋潤我孤苦的人生。

那時候我想：生活上的苦，我雖一時沒有能力克服，但至少我可以在食物上選擇不含苦味的東西來吃。這使我不但堅持不吃苦瓜，而且還非常討厭它。

有時候，我會有一種很幼稚的舉動：我會刻意去買一點糖果放在嘴裏咀嚼，我不一定喜歡吃糖，只是潛意識希望那種甜甜的滋味，嚼在舌頭上的那一刹那，使我產生一種滿足，自己置身在甜蜜中。我那樣討厭苦的滋味，想想人生已夠苦了，我怎麼再忍受餐桌上苦瓜的滋味呢？我是寧可挨餓，也滴口不沾那討厭的苦瓜的。

後來我換了工作，離開了原來的單位，也遠離了那位偏愛苦瓜的廚師。有好長一段日子，我看不見苦瓜，也把苦瓜給我的感受淡忘了。直到……我認識了他，苦瓜才又再度出現在我的生活裏。

第一次和他在一個小館子裏吃東西，我叫了二盤炒米粉，這是我最愛吃的。我不知道他是不是也喜歡吃米粉？但那時我根本不懂得如何去尊重別人，只知道自己喜歡什麼就吃什麼，完全是以自已爲中心，從不考慮到別人。

其實，他喜歡吃苦瓜，就和我喜歡吃炒米粉一樣，這是我後來才知道的。所不同的是，他從來不提議要吃苦瓜，每次我們在一起吃飯，他總是和我一起吃炒米粉，吃的次數多了，連我自己也吃厭了，他卻還是吃得津津有味。有一次我忍不住對他說：「眞奇怪，你好像比我更喜歡吃炒米粉嘛！」他微微一笑，回答我說：「我本來是不喜歡的，因爲妳喜歡，我跟著吃，居然也吃出一點滋味來，而且喜歡吃了。」

我忽然感到有些歉疚，便提議下一次由他來點菜，讓我也吃一次他喜歡吃的東西。但我沒想到他會告訴我說：我很喜歡吃苦瓜，下一次他要請我吃清蒸苦瓜排骨湯。我聽他這樣說，心裏很納悶，還沒吃呢，心裏已先感到苦了，但又不好意思說出我討厭苦瓜。於是，在下一次見面時，只好隨他走進了一家很特別的小館子，讓他叫了兩盅清蒸苦瓜排骨。

說起來眞好笑，我吃苦瓜，只爲了要回報他一直陪著我吃炒米粉的那份情，只是當我看見了苦瓜，仍忍不住皺起了眉頭，他看我很爲難的樣子，便知道我不喜歡吃苦瓜了。起先他要爲我換一樣別的東西，可是他沉思了一下，卻向我說：「妳有沒有體會過先苦後甜的滋味？吃苦瓜就有這種感覺，肯不肯試一下？」我一面答應試一下，一面告訴他，我爲什麼不吃苦瓜的原因。他聽了我的話，反而勸我更應該吃苦瓜。他說：「上帝賜給我們一個靈敏的味覺，是要我們遍嚐各種不同的滋味，沒有苦，怎會知道甜美的可愛呢？」

我試著去接納他的意見，在一個很別緻的古典式的陶製盅碗裏盛著清清爽爽的湯，湯裏有幾片厚厚白玉似的苦瓜，我吃了一片，在咀嚼的時候，感到有一種苦的味道滲出來，但當我把苦瓜嚥下去以後，在舌根上和喉嚨裏，感到有一股清涼的甘味。這是我從來沒有體驗過的。我把我的感覺告訴了他，他笑著說：「我不騙妳吧，說不定以後妳就會喜歡苦瓜了。」

眞的，從這次以後，我喜歡上苦瓜了。我偷偷地學習吃苦瓜，也偷偷地學習做各式各樣的苦瓜菜肴。那種心情是很特別的，只因他喜歡，我也跟著喜歡。也許他有很多地方值得我信賴，譬如他的誠實，或是他在言談間，總得給別人一些什麼。他有一次引用老子送孔子的話說：「有錢的人在給朋友送行的時候。是送錢給他：有學問和道德的人給朋友送行，就送幾句話給他。我沒有錢，就暫時冒稱有學問的人，送幾句話給妳。」大概就是這個緣故，他常常在談話中，總會有意無意間，讓我領悟到一些有關生活和人生的道理。像苦瓜的滋味，就是如此。以前我只知道我們安慰別人眼前的苦況，總是說「先苦後甜」這句話，但我不知道在生活中眞有一種東西會使人眞正嚐出先苦後甜的滋味來。現在呢？我眞正嚐到了。

想想，人生眞是好奧妙啊！有許多事常常出乎我的意料之外，生活中一點小小的嚐試，就會帶給我很大的啓示。我發覺人的味覺有時候是沒有定性的，它受心靈的支配，就像浮萍要聽風的指使一樣。味覺也全聽心靈的指使；在以前，只因爲時間、地點、和心境的不同，我就那樣討厭苦瓜，直覺地認爲它象徵著痛苦和不幸，它那樣使我難於下嚥。現在呢，我卻一反常態，喜歡起那種苦味來，並且從苦味中能咀嚼出甘味來。這個改變，只因我的情境和心境都不同了，我覺得比起從前，我現在是幸福的。我再也沒有那自怨自艾的思想，我甚至於還感謝在我的生活中，幸而有過一段艱苦的歲月，我沒有向環境低頭。我把每一天的時間都用和生活、命運的搏鬪上面。我如飢如渴地求取知識，想要爲自己闖出一個天地來，我憧憬著、幻想著一切的幸福和成就，我的少女時代，青春年華，沒有任何彩飾，那時我爲自己悲嘆，但現在我去回憶那些艱苦的歲月，卻不再感到有什麼苦況，反而有一種安慰。因爲，經過了一段試煉，我的人生更豐富起來了，這無疑的，只因我在人生的路上，尤其是在最美好的一段歲月中，我沒有浪費它。因此，我現在才能品嚐到我自己的甘味——一個苦盡甘來的人生美景。

已經許多年了，我已學習到好多種烹調苦瓜的方法，在我爲自己做的飯盒裏，也常常有苦瓜。每一次吃苦瓜，總不免連帶地想起他，雖然他並不在我身旁，但他教給我吃苦瓜的哲學，卻長留在我的生活中。

玉珍，這位纖瘦女子

謝霜天

謝霜天（1943～　）本名謝文玖，籍貫台灣苗栗。淡江中文系畢業，台師大國立暑研所結業。曾任台北市立啓聰學校教師 32 年，得過幾項文藝獎。早年寫作包括長篇創作，如《梅村心曲》、《渡》、《夢迴呼蘭河》等，散文《綠樹》、《抹不去的蒼翠》、《重回牛背山畔》等。目前已退休，發表作品漸少，但仍熱愛文藝，《隨筆》寫作不輟，且投入水墨畫的學習行列，樂以忘憂，不知老之將至。

玉珍，這位纖瘦女子

謝霜天

「歐玉珍走了！」校園裏，同事們互相傳告著：「昨天，她在醫院過去的。」這天，正值大陸冷氣團南襲，是台灣入冬以來，第一個像冬天的日子。天空灰濛濛，雨絲紛飛；地上寒颼颼，朔風凜冽。

雖然明知玉珍遲早會離我們而去，也曉得她是那樣的堅忍，與癌症拚到最後一息終了才撒手，死得莊嚴而靜美。只是想她還如此年輕，兩個女兒尚在幼齡，先生對她又那麼好，她怎麼能走得無牽無掛呢？

此刻，窗外那慘澹的天容，漉濕的地面，竟成了我心境的寫照。

※

玉珍來這所學校服務才兩年半，我對她還不算挺熟。只記的她模樣清瘦，氣色似乎不太好。後來她懷了孕，更顯得蒼白骨感。但聽說她教學很認真，給她教過的學生都能上進、懂禮貌、守規矩。沒想到才生下第二個女兒不久，就傳來她罹患嚴重乳癌的不幸消息。

從此，她與醫院結下不解緣，幾次住院開刀，作化學治療，照鈷六十，往返奔波，歷經常人無法忍受的各種痛苦折磨。這段血淚斑斑的日子，她靠著虔誠的宗教信仰，堅定的求生意志，以及家人親友的扶持照顧，度過一重又一重的難關。

然而，不幸的是她的癌發現得太晚，而她得的這種癌又是最難纏的一種，寒光閃閃的手術利刃和各式各樣的尖端醫技，都無法阻擋病魔頑強兇悍的襲擊，從左胸、淋巴到全身骨髓，一路攻城掠地，來勢洶洶。

那日日夜夜椎心蝕骨的劇痛，使得最能忍受煎熬的玉珍，也不得不依恃止痛的針藥，以換取二、三小時的短暫睡眠。而積水的肺腔，負荷過重的心臟，又使得她呼吸困難，需要借助氧氣罩才覺好過一點。

到最近的這一、二個月，她已無法行走，每星期一至五的放射線治療，得由她的先生從家中揹負下樓，再乘車到醫院，坐輪椅進醫療室。

即使日子過得如此艱辛，分分秒秒身體都在遭受無情的割剜凌遲，而堅強的玉珍仍然咬緊牙關，惜守著珍貴的生命，挨過一個又一個晝夜交替的時刻，希望天明時再見陽光。

因爲她還有很多事要做，她不願這三十二年的生命空走一遭。

※

玉珍請假治病，不能來學校和大家見面。同事們惦念著她，不時上醫院或她家探視慰問；團契的教友們也常常爲她禱告，祈求上帝助她重拾健康。爲表示衷心的感恩和謝意，她寫了這樣的一封信給大家：

「自住院以來，我領受啓聰同仁門無限的關愛，

這些關懷激勵、堅定我的求生意志，
使我有勇氣要求主刀的大夫：『一定要讓我活著回去作見證！』
果然平安地過了第一關。
我對未來生命是長是短很在乎，
問化學治療醫師：『上帝能用我幾年？』
他很坦然：『上帝要用你很久、很久！我的部分，我會盡力，有些事要交給神去辦。』
因此，我日夜在祈求神施展大能。
病中，讀張曉風的話，心被觸動，
『人世間，你看我，我看你，皆爲好戲；
轉眼間，悲成喜，喜成悲，各有了局。』
終於領悟『無常亦是平常』之道，
常懷喜樂的心，雖迎生面死，毫無所懼。
目前治療持續中，
因持有癌症病人專有『永久免轉診』卡，
不需經公保可直掛馬偕醫院的病號，方便多多。
卻不禁感慨，好個以命相抵的『特權』哪！
請大家以我爲借鏡，彼此保重。

容我言淺情深地道：

謝謝大家，只願還有個來生，

我還要再來啓聰與您們結緣。」

這封信貼在公佈欄上，讀來句句感人。承芳美熱心幫忙影印一份，我就夾在隨筆簿裏，常拿出來默念，每次都有所感悟。

我對玉珍有較深刻的印象，是從那開始的。

※

自玉珍患癌以後，我在學校見過她四次。

第一次是去年六月，她抱病修畢特教學分，雖已開過兩三次刀，仍興致勃勃地參加學員們的中南部參觀旅行。集合前，她來到睽違數月的校園。同事們見了她，都不免爲她健旺的精神，開朗的笑容，而覺得又驚又喜。「每次都麻煩大家來看我，今天，我自己來給大家看看。」她的聲音清清亮亮的，眞不敢相信她是個末期癌症病人。

第二次是暑假末，學校舉行動員月會。玉珍出現在會場上，短短的頭髮，大大的口罩，襯得容貌更瘦削了。因此時間匆驟，會後也沒擠入人群去問候她。

第三次是開學日，她來校辦理請假事宜。我在走廊遇見她，便一起走入二樓教研室，她坐下來跟我們談了不少話。她先調侃自己說：

「我經過教室外面，很多小學生疑惑的打著手語，猜我是男是女？也難怪呀，我胸部平平的，頭髮又短的像男人。」

說這話時，她也比著手語，那樣子不覺逗笑了大家。話題繞著她的病情轉，她說患癌前，從不知癌症病人竟有這麼多，在醫院腫瘤科遇見五花八門的病患，各年齡階層都有，連幼兒也難倖免，因此，她苦口婆心奉勸大家別疏忽平日的自我觸診及定期的健康檢查。

那是她來這個學校後，首次有機會聽她說這樣多話。她的外表乍看很平淡，細細端詳，才發覺她有一股清逸之美，十分耐看。那是由內在煥發出來的光采，因爲她有一顆美善的心靈，所謂「潛德幽光」大概就是這樣子的吧？

玉珍離開教研室後，在座的同事仍繼續談著她，說她雖然病得瘦骨嶙峋，家事還是治理得井井有條，打開她的衣櫃，每件衣物都摺疊得整整齊齊，令去她家探望的人爲之嘆服不已。有人說她操勞，太不懂得愛護自己，處處爲別人著想，結果累垮了身體才就醫。倘若她能多想到自己，便不至於這樣了。

第四次見到玉珍，是一、二個星期以後。芳美陪著她上樓，到人事室。她的氣色比上次差了些，神情有點凝重。匆忙間，我只跟她打了個招呼，沒有談什麼。後來芳美告訴我，玉珍擔心請假滿了三百六十五天，會遭到資遣的命運，爲安頓家庭和幼女，她希望趁著還有少許體力時，銷假回來教一段日子的書，使病假時日往後寬限。然而，這項心願並未被接受，因而心情沉鬱。

從這件事可體會玉珍爲了家人眞是用心良苦。人生的擔子這麼重，她怎能瀟瀟灑灑的，說走就走呢？

※

見玉珍最後一面，是距她去世前的二十六天，地點在大直她的家中。

她倚枕擁被半臥在和式房間的榻榻米上，因爲天冷，她體貼地請我們坐上墊被，這樣比較暖和，也方便彼此的交談。

她比上次所見又更瘦了，橘紅毛衣下的身軀纖小如未發育的小女孩，但樣子並不似想像中的那樣悽慘。面容儘管清癯，皮膚卻仍光潤，兩頰且微現紅暈，眼睛尤其清瑩，短髮則伏貼烏亮，看來另有一番出塵的美感。

她看到我們來，心中顯然很愉快，臉上露出了笑容。實際上我們也清楚她一醒來，就是全身疼痛的開始，而她絲毫沒有難耐之色，「有人陪著說說話，我就不覺得什麼痛苦了。」她藹然說道。

她要我們見識一下癌瘤爲何物，便解開衣襟，敞露那已割除乳房的左胸。初見那刀痕纍纍，凹凸不平，而又畫著藍色框框叉叉記號的大片肌膚，著實驚駭。但病人坦然無畏的神態卻鼓舞了我們，伸手觸摸那一顆顆手術後復發的小腫瘤，感覺滿結實的。她告訴我們乳癌的可怕就在於起初渾然不覺，等長大到壓迫神經而有痛感時，它已擴散了。她的現身說法，用意至爲明顯，她是多麼希望以一己的病痛喚起大家對健康的珍視和對身上任何危險信號的警覺，千萬別步她的後塵，因疏忽蹉跎而至一發不可收拾。

很多人為玉珍憤憤不平，抱怨上天不公，怎麼讓這樣良善的人受到如此苦難的折磨？她卻不以為然，她認為人生如戲，既然上帝挑選她扮演「癌症病人」，必定有其至苦的用心和旨意。她表示自己無怨無艾，靠著信仰的力量，她一定會竭盡所能演好這個角色。

她講話聲音細弱，還不時咳嗽，喉中有痰。她說最近有專門研究末期癌症患者心理現象的醫生找她，要她帶回錄音帶，在家隨時錄下自己的心聲。只要對世間有益的事，她都樂意去做，所擔心的是聲音變小了，不知能否錄得清楚？她不諱言「死」字，主張病人應該有權知道自己的病況，家屬不必刻意隱瞞真相，這樣才能讓病人在意識清明時妥善安排後事，並把握光陰盡到該負的責任。

玉珍說她最大的心願，就是死後捐出遺體，供作醫學研究之用，使以後的人少受癌噬之苦。

現在趁著手還有點力氣，她要寫一本《獻給耶穌》的日記。如果實在痛得寫不下去，她就以翻閱過去的日記排遣時間。說著，她用左手從書架拖出五本厚厚的日記簿，打開其中的一本，笑著談起一些有趣的往事。她慶幸自己一直保持寫日記的習慣，否則她也想不起許許多多發生過的事情。她的勤勉惜時，令在場的我們都不免感到自慚。

她一邊說話，一邊還比舞著手勢，神態顯得既安慰又滿足。要不是怕她講多了話傷神，我們還眞不願意離開。在「保重、再見」的告別聲中走出屋外，燦爛的陽光鋪滿一地。初來時以為會慘絕地擁泣，既見以後，竟不知不覺被她「雖迎生面死，毫無所懼」的勇毅而感動，而同化。想帶給她安慰，卻從她那兒得到了許多意義深刻的啓示。

※

瑣憶至此，我忽然想到玉珍信中「上帝要用你很久、很久」的話，正印驗於她的所言所行。

這一年多來，玉珍由滿懷幸福憧憬的孕婦，變成形銷骨立的癌症患者，就像從繁花似錦的春天，倏然進入蕭條嚴冷的冬日。

三十二年的人生旅途誠然不算很長，但玉珍積極開朗，堅韌不屈，捨身忘己的精神，卻將永銘在大家的心中。

當她走過死亡的蔭谷時，她的靈命依舊在發光、發熱。如果生命的修短，不以壽數來衡量，玉珍，這位纖瘦女子，在人生舞台上扮演過純眞的少女，盡責的教師，柔順的妻子，慈愛的母親，虔誠的教徒，勇敢的乳癌病人，她的一生算來已經夠長、夠豐富了。

念頭這樣轉著，我心底的陰翳逐漸淡退，舉眼望向層樓外的遠空，一道銀白已取代方才的烏灰。

妙啊！俠客封刀我封筆

馮菊枝

馮菊枝（1943～　）台灣新竹縣人。新竹師範畢業。曾任教職。早期作品以小說爲主，出版小說集《月將沈》、《不是偶然》、《水色的季節》，近十年創作以散文爲主，出版有散文集《情深幾許》、《情眞且深》、《多情伴我》、《賞鳥去！春天》、《親親愛我》。《情深幾許》散文曾獲國家文藝獎，及文藝協會文藝獎章。

妙啊！俠客封刀我封筆

馮菊枝

我的脊椎受傷了，讓我常會頭痛頭暈，也讓我放棄一向喜愛的旅遊和寫作，沉潛養生。近三年來，我謝絕所有的邀稿、評審和各種活動，好朋友都很關心我。

我受傷的脊椎，包括頸椎、胸椎和腰椎。

十幾年前，有人幫我排紫微斗數，說我天生筋弱。而我退休後，熱中旅遊和寫作。旅遊常提重行李，寫作常維持同一個不良姿勢，於是我的肩頸酸痛如影隨形，全身常貼滿膏藥，每年也總要去醫院復健。十幾年來不以爲意，總以爲自己還年輕，體力充沛足可應付，也從不知頭痛頭暈爲何物，卻不知已經種下頸椎病變的病因。

人在什麼時候會發生什麼事，我們很難預料，而該來的，終究會來。上了年紀的人最怕跌倒，偏偏三年前，我在我家頂樓陽台看鴿子築巢，天雨溼滑，地有青苔，我警告自己要小心，別滑倒，右腳跨出去沒跌，正慶幸，放心的跨出左腳，再跨右腳時，身體猛然就往前傾倒。當時我只覺跌得莫名其妙，站起來時還笑自己，怎麼像小孩子，說跌就跌。笑完檢查傷勢，沒有腦震盪，意識清醒，只有眼鏡框歪了，左額腫了個包。既然行動自如，我也就不以爲意。誰知後遺症在兩個月後逐漸發作，到現在，我常常頭痛頭暈，尤其是有壓力時。猜想可能跌倒時，頸椎有些位移；加上常年寫作的不良姿勢引起的骨刺壓迫到神經；再加上腦內部有受傷害；再加上我也老了，抗壓性已大不如前。而最重要的，是我沒有立即就醫。

年輕時常會恣意揮霍生命，上了年紀才會發現生命竟是這麼脆弱。正如自由寫作可以很快樂，但若被限時交稿，就會變成可怕的壓力。在頸椎受傷前，我曾爲償還人情債，連續兩年，幫某家出版社寫兩本書，每本七、八萬字，三個月要寫完交稿，還包括閱讀大量資料、採訪及校對。在以前原本是難不倒我的事，竟然變成我要邊寫邊掉淚，忍住肩頸酸痛問自己：「爲什麼我要這麼可憐、這麼累？」嚴重時，我甚至全身僵直，脖子不能自由轉動。沒有拒絕交稿，只爲了一個原因：「這腔熱血，只賣給識貨的。」甚至全力以赴。很傻吧？

爲了這傻，我跑遍遠遠近近的國術館和醫院，尋求民俗療法和復健，接受各種敲搥揉打、拔罐針灸、長波短波。各類刑罰都受過，卻是健康付出代價，體力也漸走下坡。更重要的是，我發現，報導寫多了，文字感情失去了我以前悠然自得的散文韻味，我的文字功力退步了，我失去了自己，我需要停筆休息。在陽台滑倒之後的兩個多月，我因嚴重眩暈，去醫院急診，痛下決心，決定換一個生活型態，保養身體。既已不再傻傻的爲「這腔熱血」賣命，我開始每天去住家附近的十八尖山運動，快走加上毛巾操，自體按摩和簡易氣功，每天在山上混一個上午，把身心靈全部放空，只聽風聽鳥，看樹看人。甚至不聽不看，不知自己身爲何物，就這麼愉悅的融入空氣中。

在山上的時光恬淡自在，與世無爭，尤其來山上運動的人都善良可愛，同樣的，我也覺得自己善良可愛。心情愉悅了，天地日漸寬廣，欲望也就日漸減低，我心平氣和的告訴自己：「好了，文章就別人寫吧，野鳥救傷就別人做吧，環遊世界就別人去吧。」

當然，酸痛平緩時，心情也有起伏，想到好多好多要寫的、好多好多要做的、好多好多要旅遊的，眼睜睜的只能放在一旁，難免焦慮沮喪。但我也知道不能再給自己壓力。既然要學習做眞正的閒雲野鶴，就需深潛養生，並且要知道，人生旅程，每段各有不同風景：此心到處悠然，自在飛花，是美；雁落平沙，也是美；意氣風發，是美；沉潛養生，依然是美。

沉潛養生，不再「仰天大笑出門去」，讓我學習到眞正的謙卑，眞正的放下。眞正的捨，其實就是福氣。

沉潛養生，也讓我更保有溫柔敦厚，更熱愛大自然和美麗的生命，我常沿路救助誤上柏油路的蚯蚓和各種昆蟲，不忍牠們喪生行人腳下。而沿路傾聽大自然的聲音，沿路看蜥蜴求偶，看松鼠覓食，看禽高空盤旋，看五色鳥在樹幹上啄洞做窩，生命如此美好，大自然如此自在，也讓我心情大好，身體健康日見進步。

只不過啊只不過，去年在山路上，我因爲看到一個小孩跌倒，一時情急扶起他，卻不愼閃了腰。隔幾天我又因爲扶起一個跌倒的老人，他重心不穩，一跤又跌壓在我身上，壓傷了我的胸椎和左半身，我的頸椎和腰椎也再次受到了傷害。我災情慘重，重回醫院做復健。前些天在做完短波熱療後，看鄰床的老太太起不了身，我忍不住扶她一把，這一用力，我的頸肩又受了重傷害。唉！怎麼說呢？我總會傷害自己，總會毫不考慮的出手幫人。我總忘了自己年歲已大，筋骨已禁不起折騰，復健的老師傅就說我：「你以為你還十八歲啊？」的確已經不再是十八歲，甚至快要六十八歲了。認了吧，俠客終須封刀，文人也終須封筆。光華流轉，再怎麼意氣風發，生命終將老去。人間不許見白頭的，又何止英雄美女？

宇宙生命來來去去，緣起緣滅自有定數。既已努力活過，也燦爛過，俠客封刀，我封筆，正是適情適性。妙啊，自在就好。

我們在等一部計程車

俞金鳳

俞金鳳曾用筆名微露、梵竹寫作。祖籍浙江省，1943年生於四川省成都，時日本尚未投降。幼年隨父親的空軍部隊全家來台定居，居於新竹東大新村的空軍眷村，父親從此再也沒有回過家鄉。20歲嫁作人婦，婚後成爲全職家庭主婦，安於相夫教子的單純生活，並入空大進修。閒暇聽音樂、讀書、寫作，幾乎於社會脱節，1981年參加國軍文藝小説獎後，進入藝文團體。獲得畢璞女士的鼓勵，開始走訪醫師採集資料，寫了數年保健作品。最喜愛的仍然是小説和兒童文學的創作。曾獲中央日報小説獎。

著作有：兒童文學《我是一隻博美狗》、《阿雄與小敏》、《九色鹿》、《少年阿薩》。小説《花格子裙》、《變》等。

我們在等一部計程車

俞金鳳

這一段路不很長，爹可以走；走幾步路，對爹來說，正好活動活動筋骨，讓血脈流暢。

我回頭望望我們坐來的那部計程車，還停在公保門口，正好有位拄拐杖的老公公要搭車。

我想那位年輕的司機，必然會照顧那位老公公的；就如方才我們來時一樣，耐心的等候我爹顫顫巍巍的上車，然後又得等候我爹慢吞吞的下車。

也許是爹爹行動緩慢吧！這位司機忍不住要問我爹有多大歲數啊？

我替我爹回答，我說我爹今年九十一歲啦！耳朵不太靈光啦！

司機很驚訝的張大眼睛，嘴裡發出驚奇的嘖嘖聲。他說他三十歲還不到而我爹走過來的人生路比他三倍還多哪！

爾後這位司機放慢了油門，態度溫和。他說只要有老人家在車上，他會特別小心開車，不會隨便踩剎車的。

我猜想這位司機家中也有位老爺爺吧！

我從後視鏡裡看見他有一顆年輕而又殷紅的心，那簡直就是我擔心著以爲要在計程車司機間滅絕的那一顆熱誠的心呀！

我扶著爹走進公保大門，迎面來的正是兩張笑盈盈的、宛若玫瑰般散著香氣的面龐。老實說，我時常要被這種充滿著愛心，要給你一點溫暖的那種意境給醉倒。她們是門診部的志願服務天使，完全不支領薪水，卻用她們一顆溫柔善良的心，來幫助就診病人。

在這廿世紀末，越來越多志願服務者，帶著一群赤誠的愛心，活躍在我們生活的週遭。他們到處撿拾被拋棄、漠不關己的一顆顆死灰冰冷的心，喚醒它，給它充氣、給它灌注熱血。志願服務者所到之處，那一股股強大愛的力量，彷如空氣般無色無味地滲透人心。這也許就是爲什麼人類還不至於從這個地球上絕種消失的原因吧！

我向志願天使先借了輪椅來。

爹啊！穩穩的站好！我馬上就來！

我奔跑著去借輪椅的速度，一次比一次快，先前是塡完單子再取輪椅，現在得先取了輪椅來再說，爹一但坐上輪椅，神情立即就顯得輕鬆愉快些。

爹的體力時有高低，有時走著走著就累得倚靠在我肩上，半天不能言語。我感覺到他氣喘心跳，我觸摸到他顫抖的手，就連腿也不聽使喚，抖個不停，像是耗盡了元氣般的疲乏無力。

雖然我們在公保大樓裡跑來跑去都是搭電梯，對於年老的爹爹來說，從這層樓到那層樓，那感覺比他行走過的人生路還要遙長艱難吧！

這些年來，我眼看著爹爹一寸一寸地老去、一分一分地挪向人生的盡頭。現在才體會出，人老了，就眞的如一隻燃盡火光的蠟燭吧！無論我們多麼緊密護著它，它依然是掙扎著，不顧一切的繼續燃燒、燃燒……直燒到燭芯全裸露了出來，燭油攤成一小窪。倘若在此刻，稍有半絲絲的風兒吹進來，極可能從此吹熄了這燭火。我們做子女的盡量守護著這扇門，擋住任何可能從門隙裡鑽進來的微風。我們害怕、我們擔心、我們誰也不敢多說話，我們不要那油盡燈枯的日子來臨。

我們已經預約了神經內科。因爲爹爹過敏，臉上紅冬冬地身上也東一塊西一塊地紅腫發癢，上回爹爹用了皮膚科醫師開的藥膏十分有效，於是我決定再給爹爹加掛個皮膚科。

等我們來到掛號窗口，卻已亮出紅色「額滿」令牌，！如何是好？望著這兩個字，眞叫我沮喪。

今早出門，我替爹爹穿上布鞋，裝扮齊全。我要爹爹握緊了小型四腳手杖，先讓手杖四腳在樓梯的第一階站穩了，爹的右手拉住樓梯扶手，他的身體右傾靠住扶梯，而我能做的只是緊緊拉住他的褲腰帶，不讓他的身體重心往前傾。

我覺得我站在爹爹旁邊，不過是給爹一點點安全的感覺，我自己的力量是微乎其微的呀！畢竟，我是一個沒長肌肉的女人，我實在沒有多大力氣哦！

爹爹唷！再一步！慢慢來，腰桿伸直，柺杖放穩，下一步……再下一步……。

幸好我住的是二樓，上下樓只需要一層階梯，然而我們下樓的過程眞叫人膽顫心驚呢！

落樓梯吧！

若是爹爹腳溜，我怕我也無力抓住他老人家呀！那悲慘的結局恐怕就是父女倆抱在一塊兒滾落樓梯吧！

這也難怪老一輩要重男輕女了，兒子不是在這當口管用多了嗎？如果爹爹有兒子，下樓梯就大氣也不用喘一口了。

想到這兒，我眼幕裡出現的是住在四樓的阿婆。阿婆病倒，她兒子汗流浹背的揹著老母下樓，看完病又喘呼呼的將老母抱上沒有電梯的四樓。那一段日子，我總是親眼目睹母與子的相擁相依。

待我和我爹千辛萬苦下得樓來，我們還需要一輛不會拒載老人的計程車。

想到這兒，這種種困難都一次又一次的在我們身上重演，就這些因素，已足夠我鼓滿勇氣，去懇請醫師讓我們加掛一號。

我大膽地走進皮膚科第一診，輕聲細語的向醫師懇求，醫師冷著面孔要我看清楚門上的牌子。

不用看囉！我也明白，那上面註明「恕不加掛號」

我像隻洩氣的皮球從第一診退縮出來，卻瞥見爹爹一雙打問號的眼神，那種期盼，重新鼓舞著我一顆跌落谷底的心。

於是我又厚顏的闖進第二診，是一位女醫生。

這一次，我改用快速的語調說一長串的話，我說我爹爹已經九十多了……。

女醫師望著我，臉上的笑紋漾了開來，我從來不知道女醫師笑起來會如此的柔媚，我老認爲女醫和男醫一樣的剛強冷漠。她給了我加掛單，然後轉告護士，凡老弱殘障都給加掛一號。

我欣喜的跑去掛號，我覺得那女醫師的柔美不僅僅是外表，她裡外如一呀！她的美還包涵了救世主的慈悲。

我和我爹的輪椅停在神經內科門前。我請爹爹下車坐第一排候診椅，待會叫了號，咱們倆挽著臂膀慢慢走進去，總比推那笨重輪椅來得方便些。

爹爹終於一步又一步移到宋成銘醫師面前坐下。

宋醫師仔細問診，又量了血壓，然後要求爹爹走幾步路給他瞧瞧。爹在沒有枴杖、心理極不安全上，張開雙手，走路的姿態搖搖擺擺，這讓我連想到嬰兒學走路的模樣，有幾分可愛，卻更多幾分悲悽。

宋醫師十滿意的點頭，他嚴肅的面容露出智慧的笑意。從我們第一次看診以來，我發現他是一個不輕易言笑的人。這也許跟他畢生貢獻醫學有關吧！想想他每日所面對的都是另一個人生的生老病死，我忽然明白醫師們每一分鐘所進行的工作，都是沉默而偉大的。

爹爹在宋醫師面前轉個身回來，我擔心他會跌倒，趕緊將小四腳枴杖遞給他。

宋醫師不斷稱我爹爹復健得好，他很得意的告訴我，大約一百個中風老人，只有一個人可以恢復得這麼好。

我聽著很樂，因爲爹很幸運，他有宋成銘醫師呀！

兩年前爹爹中風，腿不能行走，手不能抬起。大腦退化嚴重，既分不清晝夜，也不知身在何處。那時我和三個妹妹日夜輪流看護，躺在床上的爹爹，他失去自由活動的苦痛，更甚於我們做看護的辛苦。

我們姐妹並不怕吃苦，但我們每天所面臨的都是一場又一場的奮戰；譬如醫師開了單子要照片子、核子醫學檢查等等，先是把病人挪到推床上，單單是移動病人，我們就已經費了九牛二虎之力了，然後是將病人送上檢查台、帶下檢查台、再把爹弄上推床回病房，我和我妹妹已經滿身大汗，精疲力竭。又如病人大小便、洗澡等日常工作都需要上下床，最難處是在我們姐妹抱不動我的老爹呀！

住院期間，爹爹不斷的告訴我們，他不會是從此癱在床上的那個人，他不會！他說他會站起來的。

爹當然不會是癱在床上的那個人；因爲爹有娘爲他吃齋唸佛，爹每天都在我們姐妹呵護下做運動、練習走路。

我給爹燉湯喝、妹妹們替爹按摩，爹還有良醫診治，爹怎麼可能躺下站不起來呢？

爹是那一百個中風病人中唯一會走、獨一無二的那位老人呀！爹有今天的成績，那不是僥悻，是爹的堅強意志力震憾了他的肉體，他恢復從前，他又開心的成爲一個行動自如的老人。

這又使我了悟到，一個人的意志潛力，可以堅強無比的，集中意志，還眞的能攻破城牆呢！讓不可能的事成爲眞實。

我和我爹拿了藥準備回家，我先把輪椅還給瞇瞇笑著的志願天使，才挽著爹慢慢地走出公保門診大樓。

我要爹坐在花壇邊邊上，我們在等計程車。

有一句話，我像背演講稿這般在心底打著腹稿：嘿！到我家時，拜託司機先生扶我爹上二樓，好嗎？

我在等待這樣一部肯點頭的車，我總會等到的。你看！外面的陽光讓花圃的花開得格外快活呢！

註：本文原刊載於中央日報副（83年10月22日）
宏觀月刊第12期轉載（83年12月1日）

捆著大山的絲帶

吳敏顯

曾任宜蘭高中教師、聯合報萬象版主編及宜蘭縣召集人。現任宜蘭縣文獻委員會委員、宜蘭縣政府縣政咨詢委員、《九彎十八拐文學雙月刊》編輯。著有散文集：青草地（爾雅）、與河對話（漢藝色研）、老宜蘭的腳印（宜蘭縣文化局）、老宜蘭的版圖（宜蘭縣文化局）、逃匿者的天空（宜蘭縣文化局）、宜蘭河的故事（蘭陽博物館）等。小說集：沒鼻牛（歷史月刊）。

捆著大山的絲帶

吳敏顯

「鬼仔火！來去看鬼仔火賽跑囉！」

村裡幾個小孩，一起坐在鄉農會門口台階上，遠望著天邊時隱時現、飄浮不定的橘紅光點競相追逐。這曾經是我兒時晚飯後、睡覺前的遊戲，事後每個人還會到處向人誇口說：「我看過鬼火賽跑。」

民國四十年代，宜蘭鄉下很多人家裝不起電燈，更別說路燈。天高地闊的田野，到了晚上立刻陷在漫無邊際的黑暗裡，不知名的小蟲子嘰嘰吱吱地吵成一團，偶爾穿插幾聲孤鳥的哀鳴。村裡的孩子無處可去，農會門口的水泥台階自然成爲聚會所，大家坐在台階上，正好望見忽隱又忽現的鬼火在天邊戲耍。

平原三面被遠山像圍牆那樣攔住，從蘇澳一路緊緊地攬到鵠仔山還不放手。夜裡偏北那截墨黑的山影間，經常映現著和天空星星不一樣的星朵，顏色橘紅，且閃爍得厲害。像在溪河裡玩捉迷藏，這頭潛進去，直直憋了好長一口氣，才又從那頭浮現。

黑色山影裡出沒的奇怪星星，往往把村裡的孩子逗得滿腦袋問號。小孩子怕鬼，便咬定天邊那些亮光是鬼火。只是那些閃爍游移的鬼火，距離遠才沒人會怕，大家看野台戲那樣，邊看邊說笑邊打鬧。

水旺仔說：「應該是星星。」臭屁成隨即反駁：「肯定是鬼火，星星才不會動來動去！」廟公的孫子看法跟兩人不同，他說：「我阿公認爲橘紅色是神明火，鬼火應當是青粼粼很嚇人才對。」

臭屁成不服氣地說：「鬼最會假裝，像老師說的虎姑婆那樣，何況他們本來就有青面鬼、紅面鬼。」

每天晚上，大家總是又害怕又想編個故事去嚇唬別人。其中，最會編故事的當數臭屁成，得了她老媽阿春姨愛說話的眞傳。

平日裡，看到的橘紅色燈火不出三兩粒，時高時低，時亮時暗，有些冷清。但偶爾會有一兩個晚上，鬼火彷彿過什麼節慶，會同時在好幾處出現，高高低低追來追去，令人目不暇給。

「你們看，最高的那一粒是三太子，咱王公廟的大將，祂能隱身土遁，很會捉鬼」廟公的孫子突然睜大眼睛，認眞地用手指向那比較高、閃爍得比較厲害的光點：「看！你們看！三太子的赤兔馬跑得多快呀！下面那兩三粒鬼火很快就會被赤兔馬追上——」

「哼！你又不是臭屁成，專門亂彈臭屁。赤兔馬是關聖帝君騎的，三太子駛的是風火輪才對啦！笨蛋！」水旺仔兜頭潑下一盆冷水。

廟公的孫子不服氣地地回一句：「三太子可以向關公借來騎呀！」

接在你一句、我一句的唇槍舌劍之後，手裡的竹扇跟著成爲說服對方的武器。使農會門口的台階上，像戲台那樣文的武的全上場。

直到暑假快結束的一個晚上，臭屁成等不及大家坐定位，便像老師那樣站起來向大家宣佈：「我老母講，天邊那些亮光不是什麼鬼火，是台北來的貨車車燈啦！它們必須繞著彎彎曲曲的北宜公路下來。」

如同晴天霹靂，大家驚愕噤聲好一陣子，才由水旺仔開口發難：「人都說阿春姨愛講話，才生下你這個臭屁成。騙誰呀！汽車又不是鄉公所那個酒醉課長騎的孔明車，只有一盞燈？」

「我問過我老母，她說那車燈遠在天邊的山上，當然看不出是一對。」

從此，我和玩伴們夜晚的遊戲就換了花樣，輪由我弟弟他們那批流鼻涕的毛頭，去看鬼火賽跑。

五十年代初期，我高中畢業到台北讀書時，爸媽一再叮嚀我坐火車。因爲，走過北宜公路的人總是說：「太危險了！這條老命簡直是撿回來的呀！」也有人形容那段九彎十八拐說：「車子像廖添丁飛簷走壁那般，唰地彎過來、咻地拐過去，南蛇爬上牆壁也沒那麼驚險，很多車子一不小心便翻落山崖。」還有人透露：「如果開車的司機忘了撒紙錢，買通沿途的妖魔鬼怪，整輛車都會噩運連連。」

後來想起這些傳言，覺得有點道理。在那個年代，有機會走出這個靠山面海的平原，到台北看花花花世界的鄉下人，畢竟不多。這樣的人，如果不誇張一下自己的遭遇，怎能讓別人知道他去過大都會？

但像我這種出門在外，難得有機會回家的人，傳言根本攔不住似箭歸心。遇到火車班次太少，北宜公路的公路局班車當然列入選擇。雖然，早年的北宜公路又窄又彎，全程石子路面，班車若是正巧跟在其他車輛後面，前車揚起的灰塵，很快灑得整車廂的人灰頭土臉。

七十幾公里路，只有部分視線不良的連續轉彎，或是陡坡路段，才會在路基中央埋下較大的卵石，再鋪上兩條薄薄的水泥車帶。我稱它水泥車帶，是只在路面鋪出兩條不到兩台尺寬的水泥路面，平行地朝前蜿蜒。司機必須時時刻刻將兩側輪胎對準那狹窄的帶狀水泥路面駛去，才能降低車廂搖晃跳動程度。

這種克難路面，僅比石子路面好一些，車子拐過急轉彎或越過窟窿，行李架上的大小包包，照樣蹦下來砸在乘客身上。我曾經看過前座的男子，被包袱裡掉出來的瓶子淋了半邊臉的辣椒醬。包袱主人趕緊掏出小手絹幫那男子擦拭，沒想到一擦擦出個紅臉關公，尤其男子那雙生氣而睜得大大的眼睛，經辣椒醬一抹，很快只能皺起眉頭，朝那邊瞇成長長的鳳眼，還眞有幾分像戲台上的關公。原先那些暈得七葷八素的乘客，個個摀住嘴，想吐又想笑。

搭乘北宜公路客運車，令人害怕的就是暈車。一趟車坐下來，左顚右簸、上蹦下跳、前俯後仰地反覆折騰，一旦有人發難，嘔吐很快傳染開來，整車廂都瀰漫著酸臭難聞的味道。曾經有個老太太帶孫子坐在鄰座，那男童原先高高興興地朝著車窗外看風景，隔沒多久便從飯菜、麵包吐到只剩酸水，紅潤的臉蛋變得白蠟蠟地，緊閉著雙眼斜倚在他阿嬤的腿上，卻還不忘問他阿嬤：「我吐那麼多，是不是連腸子和心肝都吐掉了？」

老人家輕輕拍著小孫子的肩膀，笑著安慰他：「不會，不會！你乖乖地再睡一下就到了，到宜蘭我們再也不坐這個車了。」其實老太太的臉色跟大多數人一樣，一陣白一陣青，還不斷地深呼吸喘大氣。

有一回，我搭的班車在坪林和小格頭之間遇到濃霧，車廂外的景物全部失去蹤影，整個天地遭白茫茫的雲霧充塞，只剩車廂裡的人勉強辨識彼此。大白天，客車亮起車頭大燈，卻也只能循著前方四、五公尺處的路面標線，朝前慢慢行駛。有乘客不斷地站起身子朝前探看，好像這樣就能夠幫司機一些忙。沒有人吭聲，人車彷彿遊走在一場大夢裡。

過了很多年，自己會開車之後，睡覺著還會夢見自己糊里糊塗地把車開進那片白茫茫的雲霧裡，只能盯著路面一小截雙黃線持續前進，任憑我怎麼踩煞車也煞不住，更不知道車子要駛向何方，直到轟然一聲驚醒過來。

我曾經由日本京都搭幾個小時的遊覽車，一路玩到箱根溫泉。車過靜岡沒多久開始爬坡。這條日本國道，是兩線道的山路，彎彎曲曲地爬升酷似北宜公路，車道的寬度則不及北宜。當時接近黃昏，上山車輛排著隊依序行駛，下山車道則空空蕩蕩。路面分隔車道的黃線，猶如一道深溝，沒有任何車輛敢越雷池。車隊順暢前行，當然不會出現北宜公路上常見的緊急煞車，或猛烈閃避的鏡頭。全車乘客，安心閒適地欣賞著車裡的電視影集，或窗外的風景。

日本回來後，我常把這段見聞說給朋友聽，朋友們的回應是：「對呀！大家不跨越雙黃線侵入來車道，北宜公路也是一條安全又美麗的山路呀！」

現在的北宜公路，許多彎道已經拓寬，雖然迴頭彎還是迴頭彎，該左拐右拐的還是左拐右拐，但路面已經鋪得油緞緞，整條路彷彿捆著蒼翠大山做爲禮物的絲帶。路邊種植漂亮的花木，開車經過不再那麼緊張，乘客也可以安心閒適地欣賞風景。自備車輛的遊客，紛紛把沿線山澗溪谷當做郊遊景點，才驚訝地發現那些隱藏在山村裡的老住戶，竟然都是桃花源裡的居民。

這些年，人們把層層疊疊的群山肚子挖個大洞，鑿出一條直溜溜的高速公路。看來，大多數人很快會忘掉原先這條越來越美麗的山路了。尤其宜蘭平原處處燈火通明，樓房櫛比，從平野上已經不容易望見行駛在九彎十八拐路上的車燈。無論是我的或是臭屁成、廟公的孫子、水旺仔他們的孩子和孫子，都不可能找到三太子的神明火或妖魔鬼怪的鬼火了。

眞是可惜呀！將來所有的孩子們，大概沒有什麼機會聽到，有哪個老人家能夠絮絮叨叨地把這條拐過來又彎過去的北宜公路，當做一本故事書那樣來敘說了。

一毛錢與天霸王

落　蒂

落蒂（1944～　）本名楊顯榮，台灣嘉義人，國立高雄師範大學英語系畢業，國立台灣師英研所結業，曾任高中英文教師多年。現爲專欄作家，有《創世紀》「詩與詩人二重奏」，國語日報「新詩賞析」專欄，有台灣時報「讀星樓談詩」專欄。著有詩評集《兩顆詩樹》、《中學新詩選讀—青青草原》，詩集《煙雲》、《春之彌陀寺》、《中英對照落蒂短詩選》、《詩的旅行》等，詩作入選多種詩選。曾獲中華民國新詩學會「優秀青年詩人獎」、「詩運獎」、「詩教獎」，中國文藝協會《文學評論獎》等。

一毛錢與天霸王

落蒂

「天霸王！」，我大喊一聲，兩眼直直的盯著指針。但是指針剛好落在線上，賣芋仔冰的阿伯說那不算，沒中，回到家裡足足哭了一天，比挨打哭得還要慘。

一毛錢可以買什麼？不要說一毛錢　就是一塊錢也只能打電話，但是五十年前，一毛錢可以買一截長長的甘蔗，可以買一包花生米，可以買餅乾……可以買許多小孩子心中想要的東西。然而在那個年代，要向父母要一毛錢，往往比登天還難，常常吵了半天，不但挨打，還要不到。

那時候最喜歡有客人來，因爲有客人在座，家長不好意思生氣，也怕小孩子死纏活纏吵了他們說話，因此往往可以要到一毛錢，但是客人一走，包你有一頓豐富的大餐——挨打，打的渾身是傷，打的手腳一條一條像地瓜藤的傷痕。儘管如此，我還是在客人來時，逮住機會猛要一毛錢。要到了，一溜煙跑去找「芋仔冰」攤，其實也不是什麼攤，只有一個冰筒，以腳踏車載著，冰筒上放一個鐘型的機器，投一毛錢，鐘上的指針就會跑，其中有一格最小格的就是「天霸王」，打到「天霸王」，就像中了六合彩，小孩們群起歡呼，打的人就可以一毛錢吃一個「天霸王」的芋頭冰，我每次冒著挨打的險，就是爲了打中一個「天霸王」。可惜我運氣不佳，從沒打中過「天霸王」，可是我賭性堅強，越是不中越要打，有一次幾乎打中。

「天霸王！」，我大喊一聲，兩眼直直的盯著指針。但是指針剛好落在線上，賣芋仔冰的阿伯說那不算，沒中，回到家裡足足哭了一天，比挨打哭得還要慘。

「天霸王」在我心中越來越大，連夢中都夢見我中了「天霸王」。不行，我非吃一個「天霸王」不可，我這樣發誓。可是我的運氣不佳，雖然挨打不下數十次，卻未中過「天霸王」。

有一次父親用自行車載我去溪口看外公，那時外公的事業已經有點走下坡了，住的房子不再是從前的大房子，不再有氣派，但還是「出步」的，那時候有屋簷的房子就叫「出步」的，和現在的騎樓功能差不多。外公住的房子還是令我很羨慕的，不像爸爸住的房子，以竹子搭成，牆壁糊泥土，再塗上石灰，屋頂是茅草的。外公看起來還是很精神的，他不理會爸爸，卻給我五毛錢，天啊！五毛錢，那多大啊，在小孩子心目中，那可是一個大數目，可以買一個「天霸王」！

由於外公不理會爸爸，他氣爸爸讓他沒有面子，他氣爸爸在溪口街上打媽媽，外公雖然不疼媽媽，卻很愛面子，他看到父親就說：「你也不看看，打聽打聽我劉某人在溪口是什麼人物！」父親又被外公趕了出來。

一路上父親都沒說話，我也不敢說話，心中只盤算著，我有五毛錢，是要買一個「天霸王」，呢？還是要試試手氣，以五次機會拼他幾個「天霸王」？

回到大潭，我又一溜煙去找賣芋仔冰的阿伯，可是我在攤前猶豫好久，如果買一個「天霸王」，我只有一個而已，如果試試機會，說不定可以中他幾個「天霸王」，可是如果都不中呢！唉呀！一想到不中，全身竟直冒冷汗，我不是天天盼著吃一個「天霸王」嗎？以前只有一毛錢，吃不成，只好試試手氣，如今就有五毛錢，五毛錢可以買一個「天霸王」，爲什麼我不買？算了，還是買一個比較保險，因此我大聲說：「阿伯，給我一個天霸王！」阿伯有些不信，我趕快摸出那個五毛錢銅板。阿伯懷疑的說：「你偷的嗎？」「不是，我外公給我的！」我大聲的說。

是的，我要很大聲的說，是外公給我的，村裡其他的小孩從沒拿過五毛錢買「天霸王」，你看我有多神氣，我一面吃一面想，哪天要再叫爸爸帶我去找外公，外公是有錢人，一次可以給我一個「天霸王」。可惜，直到我後來南師畢業，開始當老師賺錢，都沒再去外公家。然而那個五毛錢、那個「天霸王」卻久久在我的心中，永遠抹不去。

「我一定要去看外公！」那時我已當老師了，可以賺錢了，我想外公給我的五毛錢，一直心中感恩，我花了一個月的薪水七百八十元買了一盒人蔘，利用一個週末的下午，騎腳踏車去溪口找外公。

找到外公時竟然不敢相信自己的眼睛，他竟住在一個竹子搭建的小工寮，還是向別人借住的，幾個舅舅都小學畢業就外出當學徒，沒再升學，外公再娶的小姨子阿媽竟在市場賣菜，天啊！這叫我如何能相信？一個建築包商，一個溪口有頭有臉的有錢人，居然淪落到這個地步？

我把人蔘送給外公，那時外公已經七十多歲了，有病的樣子，我沒有久留，匆匆回到我任教的小學，在宿舍裡足足哭了好幾個小時，眞的不可思議，由豪華住宅，而一般房舍，竟至淪落借住工寮，外公，你的神勇哪裡去了？你還記得在酒樓上撒錢的豪情威風嗎？也許外公不願想了，也不願記了，但我永遠忘不了那個五毛錢的「天霸王」，那是我孩童時期最深刻的記憶呀！

（中華民國91年4月20日聯合副刊）

柔性第三者

六　月

六月，本名劉菊英，生於新竹新埔鎮，長於高雄旗山，文化大學新聞系畢業，曾任中國郵報廣告主任及聯合報系中經社發行中心經理。1981 年始握筆從事業餘文藝創作，著有【惜情】等散文集十餘種。著作曾獲省新聞處優良作品出版甄選獎、高雄縣文化中心文藝作家作品集甄選獎，【惜情】及【去玩】二書分別入選國家文化藝術基金會編選的適合國中及高中學生閱讀的 100 種好書之一。1998 年以【天色漸漸光】一書獲高雄縣第二屆鳳邑文學獎散文類首獎。1999 年獲得旗山鎮蕭乾源文化獎。同年自中經社自請退休，專事寫作，曾任吳濁流文藝營、國軍文藝營、銘泉寫作班等作文指導，及第三屆鳳邑文學獎、長榮女中文學獎等評審。2004 年【農家妹子】一書的書寫計劃，通過國家文化藝術基金會評鑑，獲得創作贊助金。文采以平實、諧趣及富人情味見稱。

柔性第三者

六月

她是個恰查某，還是個老處女，八、九年前我好心收留她在家，免費供她吃住，沒想她竟不思知恩圖報，反而當起我與老公的第三者來了。

每天早上，我起來爲老公準備早點，那時她還賴在床上，一副慵懶撩人的模樣。等老公吃過早點，我提著爲老公準備的中午餐盒，很賢妻良母樣的要送他出門上班時，她才一個箭步從樓上飛奔而下，搶到老公面前，嗲聲嗲氣的與老公廝磨一番，而老公只不過跟我揮揮手，幾乎不把我這大老婆看在眼裡，眞叫人氣結。

待送走老公，她便施施然走到餐廳，等著我奉上她的餐盤，侍奉她吃早點。她究竟把我當成什麼了？竟如此猖狂囂張！

孰料我這大老婆也犯賤，竟也一副心甘情願孬種樣的來侍候她。

這個「她」究竟是誰，敢如此膽大妄爲，又如此魅力四射，同時把老公與我魅惑至此？嘻！她是我們家豢養的貓咪「喵喵」啦。雖說她很「恰」（兇）很囂張，基本上，她還算是「柔性」第三者，因爲她並未破壞，反而更增添我與老公的感情呢。

說喵喵是老處女，是有根據的。她還只有巴掌大時，瑟縮在社區一部車子底盤下，被女兒發現，撈出來時一身黑烏，奄奄一息，待清理後發現是隻全身雪白的小母貓，又餓又病，送去動物醫院住了幾天，撿回了一條小命。經過細心調養後，成了一隻白白胖胖，時髦帥氣的碧眼長毛美眉。如今轉眼已過了八、九年，根據當動物醫生兒子的推論，換算成人類的年齡，已是年屆半百的老女生了。多年來鎮守家中，未曾結交同類朋友，曾有異性同類想來「把」她，但卻只能隔著鐵門對望，故仍是個老閨女。

她長得眞是漂亮，身體像一團雪球，兩眼則像兩顆晶亮的綠寶石，看到她的人都讚不絕口，問是何種「名牌」貓。她根本不是什麼貴氣的名種貓，圖鑑上找不到與她一模一樣的貓族，看來像是混有土耳其安哥拉種的米克斯（ＭＩＸ）貓。不知是否自小進出醫院多次，對人老是懷著敵意，她不願意我們隨意撫摸她，總是與我們保持著安全距離，若要「強抱」她，必招她祭出尖爪利牙以對，恰別別，一副神聖不可侵犯的酷模樣。算了，就別去招她惹她，由她當孤寒幫主好了。

孤寒幫主自閉了足足五年。有一天我如往常般坐在地板上看電視，兩腳平伸，她在一旁打量了好一會（多年來，她其實一直像跟屁蟲一樣跟著我，無論我做飯、做體操、寫作、打電腦，牠總是或蹲或蜷臥在一旁「打量」著我，卻不讓我近身撫摸她，所以我也習慣對她視若無睹了），竟悄悄走近我，且試探性的把前爪擱到我大腿上。我被她這突如其來的動作「嚇」得暫時停止呼吸，不敢亂動，想看她下一步準備耍什麼把戲。她看我並沒有拒絕她來「投懷送抱」的意思，便大膽的跳到我大腿上，安逸的蜷縮成一團。

我簡直感動得要掉下眼淚來了，五年了，我餵她，幫她把屎把尿（掏貓砂中的貓便便），她回報我的就是對我不停的「跟監」，如今她居然想通了，我是個不求回「抱」的奶媽，終於肯親近我了。接下來更誇張的是還有「襲胸」行為，像在幫我「按摩」般，用前爪在我前胸煞有介事的按啊按的，還眞有點力道呢，感覺好舒服。更妙的是，偶爾還用嘴巴銜著我胸前的衣服。我向也是愛貓一族的文友曹又方請教這是怎麼回事，她說是貓族一下意識的「擠奶」動作，我聽了不禁莞爾，她眞當我是她奶娘了。

此後，她進一步在我腳邊張羅了一個位置，與我們同床共眠，成了第三者。原來對貓族頗有成見的老公（他總覺得貓身上會長跳蚤之類的蟲蟲），剛開始看到她「入侵」我們的眠床時，總是皺著眉頭做無言的抗議，後來看她嫵媚嬌俏的模樣，也沒有發現有蟲蟲，才慢慢改變態度，甚而對她寵愛有加，並加入餵養行列以博她歡心，因此而有前面所述，上班時刻，她會飛奔而來向奶爸道拜拜的戲碼。

她依然不是個百依百順的娘兒，想摸她抱她還眞得看她高興，但在我們家中，她已然是個能擄獲全家人心的寵兒。

林鳥之緣

李雲娟

李雲娟，廣東新會人。國立政治大學外交系畢業。曾任記者、中國電視公司公關室，喜愛文學，公餘之暇寫作。77年間曾在台灣日報闢「海闊天空」專欄，大華晚報「火燈下漫談」。

著作有《塵心》（黎明）。

林鳥之緣

李雲娟

清晨微光透過窗簾溜進房內，窗外輕風徐徐，輕攏慢撚惹得枝葉搖曳，樹影婆娑，白紗簾上綴滿淡米色的花朵也輕盈的隨風飄舞。室內頓然彷彿暗香浮動，原是迷迷濛濛的惺忪睡眼被這飄動的晨景給甦醒。以前在台北從來沒有這種經驗，高樓公寓中舉目是一片灰壓壓的水泥森林，要擷拾綠意盎然只有往山隈水涯鄉間尋覓。我貪婪的躺臥在舒軟的眠床上，靜靜的享受晨光的宴饗。

對植物我向來沒有概念，但卻喜愛欣賞各種花卉。家中前庭後院本來種植了一些花花草草，常常都頂茂盛的，到了春天更是恣意的滋長，不知名的花朵紅黃紫靛開滿園圃。眼前喊得出名字的是茶花、杜鵑、梔子花、黃菊、粉菊、秋海棠，果樹有檸檬、金橘，其餘的綠色草木有待慢慢查證。當時初抵雪梨，爲了找房子前後看了十一家，每棟型式不一，但均佈置得別有興致和風味。我們挑選的先決條件是房子格局要好，前後有花園，磚屋，因爲澳洲還有木製、纖維等房屋，並且價錢合理。仲介公司職員引領我們到一對老夫婦居住的房屋，前院、門口和道路相隔頗遠，內部坪數不大，然格局方正。由飯廳兼起居室望出去；一個繁花盛開的圓型花圃和整片綠地，稀疏木籬笆之外，仍是綠油油的大草坪，那是高爾夫球練習場。

觸目所及皆是綠茵，震懾了我們的視野，心中頓時一片清瑩。這趟碧綠的際遇，注定有緣，於是，我們就決定擁有它。

遷了新居，除了格局不能更改，我們依照自己的喜好重新打點佈置，在外國不似台北，電話一打就有專人上門服務，遷電話線、裝分機、按裝立體喇叭都自己動手。新的環境一切是那麼陌生，我們得重新摸索，也察覺天天有新的發現，由屋內許多裝置可看出主人經營的心血，它實用而細緻，讓後來居住的我們方便又舒適。

樹多的地方，鳥也多，後院有幾棵大樹常是鳥兒棲息之地，曙光一現，鳥群開始吱吱啾啾，咕咕嘍嘍的唱歌，此起彼落。下雨天他們較沉靜，平常戶外交響樂不停的演奏，起風時，枝葉飛舞配合著颯颯風響，這天籟之聲清新悅耳，自然又動聽。美妙的樂章常常不經意的飄入耳際，落入心田。

原屋主在花圃中央塑造了一公尺高的水泥圓盤，我們當初不知道它有什麼用處。有一天發現鳥兒們站立在圓盤內低頭喝盤中的雨水，我們才豁然大悟，原來它是用來盛水餵鳥兒們。老主人的溫潤仁慈全投注在他們心愛的鳥兒身上。

有一回打掃庭院，抬頭向上望，兩棵大樹上有六個鳥巢，它們結結實實的懸掛著。心中又驚又喜，想不到有一日與鳥爲鄰，鎮日聆聽他們優美的歌聲，欣賞他們翩翩飛舞的美姿。自從圓盤中盛滿了水，每天有各種大小不一顏色綺麗的鳥兒圍繞在圓盤邊緣飲水或洗澡，他們撲撲展翅輕盈地蠕動著身軀，搖頭擺尾，怡然自得地陶醉在水中沐浴。我們也渾然忘我愉悅地觀賞這天賜美景。

雪梨的天空時有烏鴉滿天飛，還不停的嘎嘎叫喊，聲音沙啞、響亮。初聽好不習慣，後來偶爾聽不到反而懷念。隔壁有數棵樹葉茂密遮天的大樹，是烏鴉嬉戲的樂園，有時豔麗的鸚鵡也喜歡在枝椏間盤旋、歇息。我趕緊拿起望遠鏡仔細觀察，哇！有紅嘴灰身及黃嘴白羽毛等各種大小鸚鵡群佇立在高高低低的樹枝上，他們英姿煥發、雄偉宏碩的楷模耀眼奪目，壯觀至極。

傍晚，夕陽餘暉染紅了整片蒼穹，鸚鵡群不知何時整排劃一的並立在我們的木籬笆上，莫非他們也在欣賞色彩繽紛的大地在拉開序幕上演一齣齣精彩的戲碼？我不想驚動他們，眞希望能留住這群不速之客。然而，不一會兒，他們展翅飛翔，越飛越高，好似將點點斑彩在嫣紅的天空畫布上任意揮灑、渲染。瑰麗淒美的黃昏，帶來無比的驚豔，也留下一絲絲的悵然。

我常常喜歡縱目瀏覽綠意茵茵的庭園，感激蓊茸草木引來了可愛的群鳥，他們是那麼的彼此倚重依賴，生生相息。有活潑的鳥兒，樹木才栩栩生輝，婀娜多姿。有蒼鬱的綠木，鳥兒也才有巢而居，來去自如。我何其有幸，同時擁有他們，不是更富庶、滿足！

碧血丹心

宋孝先

宋孝先，民國 36 年 4 月 18 日生。【學歷】鼓山國小、旗山中學、空軍幼校、空軍官校、空軍參大、三軍大學戰爭學院、革命實踐研究院第 26 期研究員。【家庭狀況】妻孫慕靜典型家庭主婦職司相夫教子，育有二女長女已出閣嫁予宜蘭林氏家族婚後住西雅圖，次女台北大學畢業赴西雅圖繼續修業獲 MBA 財務管理碩士。【嗜好】登山、高爾夫球、羽毛球、熱愛飛行。【經歷】戰鬥機飛行員、分隊長、中隊長、基地指揮官、飛行指揮部指揮官、空總部副督察長。【曾飛機種】T-28、T-33、T-34、T-38、AT-3、F-86、F-100、F-104、IDF。【生平紀要】民 52 年投筆從戎；民 58 年開始飛行生涯；民 64 年成家；民 67 年完成高速公路首次試降任務；民 81 年奉派擔任外島基地指揮官；民 84 年完成二代機視距外飛彈作戰戰術戰法；民 85 年晉升空軍少將、同年奉派飛行指揮部指揮官；民 87 年從空軍退伍；民 87 年轉業華航從事飛安管理工作；民 97 年進入航空事務教育基金會任職。【著作】鷹擊長空。

碧血丹心

宋孝先

讀到網路上轉載「我必須去，但不一定回來」一文，我的熱血已經禁不住的澎湃起來，婆娑的淚眼，依稀也看到自己年輕時的身影。下面這一段文字，就好像我曾經熟悉的每一個場景，那些躺在新店碧潭空軍公墓的英靈，他們就在這樣子的序幕中，拉開了他們可歌可泣的故事。

「政府遷台以來，空軍因公殉職的空地勤官兵，已經超過一千四百人。每一個空軍官校畢業的軍官，在完成飛行訓練以前，就已經歷過失去同學的傷痛。而在飛行生涯中的朋友與同事，也許他才剛剛結婚，也許他說下個月要當爸爸即興奮又不知所措，也許他昨天還把帽子忘在你家明天要來拿走，也許你們的飛機並排在跑道頭加足油門準備起飛……下一刻，他就可能是跑道尾端的一團火球。也或許，一直到遠超過預定返航的時間，飛機還是沒有回來。」是的，如果一直沒有回來，多少次我就是帶著這樣子不幸的消息去面對生著的人，當我顫抖的手指要按下門鈴或者是輕拍曾經是那麼熟悉的門扉時，我知道我下一刻要面對的是，失去兒子、丈夫或者是爸爸的那些生著的親人，我的心早都在淌血，有形的白紙黑字是很難寫出那種無法感受的生離死別悲痛。

飛行員曾經是我們那個時代，很多小男孩的夢想，但是空軍飛行員的生命，看起來輝煌燦爛，實際上卻非常脆弱，脆弱的像水晶杯，一個小小的閃失，「鷹揚」從此就成了「陰陽」。可是這些事實卻沒有擊退那麼多年輕有爲的生命，儘管碧血灑向了無際的天空，可是這些空中的勇士，仍然承繼先烈先賢在杭州筧橋那座飛行銅像精神堡壘下的那幾行「我們的身體炸彈與飛機，當與敵人兵艦陣地共存亡」的精神感召，眼前只見一義不見一利，前仆後繼的跟踵前賢，仍然置生死於度外的擔起捍衛領空安全的責任。

「我必須去，但不一定回來」，在那些可歌可泣的故事中，比較爲人所熟知的英雄，且以他們命名的學校大約有十三個，例如：臺北市的懷生國中、國小，桃園縣大園鄉的陳康國小，新竹市的載熙國小……等等，目前分佈在全省各地。他們飛出去執行任務了，但他們卻沒有回來，或回來卻因故陣亡了，躺在新店碧潭空軍公墓的英靈，多是他們的衣冠塚，供後人瞻仰罷了。碧潭美麗的青山綠水，何幸常伴埋葬於此的先烈忠魂啊！

在冷戰的時代背景下，美方因爲身分的敏感，不便深入中國大陸執行情蒐的任務，爲了爭取盟邦的支持，爲了分享戰略情報，爲了維繫國家的生存，中華民國空軍自然而然的成爲執行任務的代理人。舉凡是U-2高空偵察機的遠征（在國軍開始任務之前，已經知道共軍擁有防空飛彈，也知道U-2還是會被飛彈擊落）、或是蝙蝠中隊的電子偵察任務（那是藉著讓敵人攔截自己，趁機蒐集情報，了解共軍的防空作戰能力；就像中東戰爭，以、敘在貝卡山谷的作戰，以色列以一架無人駕駛的偵察機，飛越貝卡山谷蒐集敘利亞軍的電子戰參數一樣），美國人出錢出技術，中國空軍健兒便冒著性命的危險，深入敵後執行情蒐的任務，去保證美國對我們政府的支持。上面敘述的這十三位先賢先烈，他們爲了任務飛出去了，但他們沒有回來。沒有個人冒險犯難的英雄主義，沒有人是想一夕致富的「搶錢一族」，有的是服膺「風雲際會壯士飛，誓死報國不生還」的空軍信條，多麼豪壯啊！

民國六〇年初，筆者即將完成 F-86 軍刀機的訓練時，有一天突然奉到總部情報署的召見，同行總共有三位同學。到了總部情報署，由當時的副署長臧將軍分別召見，個別徵詢我們調到34中隊的意願。我表明在我年輕的歲月，希望留在作戰部隊歷練，副署長臧將軍企圖說服我說：「到了34隊，可以天天都面對敵人出作戰任務，還可以領美金的薪水，一舉兩得，爲何要放棄這麼好的機會？」我仍然表達我投效空軍的初衷，是抱著「不滅匈奴，何以家爲？」的胸懷，堅持年輕的生命，應該到作戰部隊學習更積極效命疆場的作爲。

筆者後來擔任當年性能最優越的F-10飛行員有二十多年，因需求必須飛越中線的任務，實在是難以勝數，有部份是擔任偵照任務的直接掩護。在任務執行過程中，如何避開敵機的攔截是很重要的，因爲被敵機切入纏住的話，我們便沒有足夠的油量回航，所以避戰是我們最高的指導原則。除了空中的敵機之外，地面的飛彈對我們也是一個很大的威脅，當年陳懷就是被地面飛彈擊落殉職的。因此只要情資顯示敵人有部署地對空飛彈的區域，我們莫不睜大眼睛加強搜索，絕不能落入敵人的虎口。而當我的偵察機很順利的到達目的地，也照到我們需要的資料，但是這樣任務並沒有完成，只有把照到的圖像安全的帶回來，有了戰果我們才算成功。不管敵人有多麼凶恨，空軍健兒都必須去，因為我們的心中，都存著空軍「誓死報國不生還」的信條。我們前仆後繼的深入敵後，為的是要獲得敵人對我可能有威脅的情資，只要對保衛台灣兩千三百萬同胞的生命財產及未來台海的防衛作戰有幫助的情報，都要不計個人的生死，拋頭顱灑熱血以赴。

我們必須去，但我們都安全的回來了，因為我們要帶回戰果，也不給敵人製造任何戰果的機會。壯烈固然可歌，但是綿延後續無窮的戰力，捍衛台海領空的安全，更是可貴，緬懷那些不能回來飛行員，能不唏噓？

美的行腳，美的留影

莫　渝

莫渝，本名林良雅，1948 年出生於苗栗縣竹南鎮中港溪畔，現居北台灣大漢溪畔。淡江大學畢業。曾擔任出版公司文學主編。目前任教聯合大學；負責《笠》詩刊主編。長期與詩文學爲伍，閱讀世界文學，關心台灣文學。2008 年獲第 16 屆榮後台灣詩人獎。著有詩集：《無語的春天》、《水鏡》等，散文評論：《河畔草》、《台灣新詩筆記》等，翻譯：《法國古詩選、19 世紀、20 世紀詩選》三冊、《香水與香頌》、《惡之華》等。2005 年出版《莫渝詩文集》五冊；2007 年出版詩集《第一道曙光》、評論集《台灣詩人群像》與《波光瀲灩——20 世紀法國文學》三書；2010 年出版詩集《革命軍》；2011 年出版詩集《走入春雨》和台語詩集《春天 ê 百合》

莫渝自我界定：現實主義人文關懷的台灣詩人。

美的行腳，美的留影

莫渝

「如何讓我遇見你，在我最美的時候。」這是自我期許，也是自信。更多的時候，應該是：「讓我遇見你，在你最美的時候」，或者「讓我的心底永遠內燦你的美」「你」，不設定是說話者的對象，擴而大之，所處的空間，所見的視野，所履的土地，所親的家園，所愛的國土，都內燦與外閃美的光芒。誠如文豪川端康成（一八九九～一九七二）榮獲諾貝爾文學獎時（一九六八）的演講主題「我在美麗的日本」。

地理有多大，我們的感覺也應該多美。

日本畫家不破章先生，一九〇一年出生於東京，一九七九年過世，生前，不破章先生是國際知名的水彩畫家，日本水彩畫畫會理事長。由一九六五年的因緣際會，留學日本的沈國仁（以後為台灣藝術學院教授，現已退休）先生在東京上野美術館認識不破章先生，之後兩人訂交，不破章先生開始台灣寫生之旅的念頭。一九六九年起到一九七八年十年間，不破章先生偕同妻子及畫友共八度到台灣寫生，每次返國，都舉行展覽，包括：宜蘭蔬菜展、高雄正月祭、新竹迎春、麗日平和公園等。也將這些畫作參加日展與日本水彩畫畫會展出，如：埔里山街、埔里露天市場、台北後車站、旗山鎮街、員林街道、台北農家等。一九七八年第八度來台旅遊寫生時，在台北太極畫廊舉行個展，受到台灣大學呂樸石教授的讚許，譽爲繼石川欽一郎（一八七一～一九四五）之後，「眞正理解台灣景色的日本畫家」。

不破章先生喜愛旅行，訪歐兩次、西藏三次、到過美國西岸和東南亞，卻獨鍾台灣，他的台灣行腳處遍及大城小鄉，他的畫筆擷取台灣的綠色田園、鄉鎮街道、熱鬧市場、午後街巷、寺廟、漁港、磚窯……等，整體而言，深入台灣民間，表現台灣庶民生活的活力與能量。

不破章先生旅行獨厚台灣，往生後，由夫人不破久羅女士將其花心血所繪的台灣畫作捐出，永遠保留在台灣。配合展覽，頂新和德文教基金會精印出版《不破章水彩畫畫集》畫冊，加上知名作家康原台語書寫的鄉土詩，每首詩兩段，每段四行，簡潔明朗，共五十幅畫，五十首八行詩，詩畫並賞，是藝文界的佳音。

台灣社會發展快速，整個一九七〇年代是轉型期，不破章先生的畫正好將當時的台灣留下最眞實的貌樣，彷彿歷史寫眞，比如〈22.板橋　1971〉，畫作呈現一大遍綠野將兩層樓的房舍推擠至遠方。今日（距畫作三十年後）板橋已近六十萬住民，除幾處公園綠地外，幾乎見不到田地了。搭配畫，康原的詩是這樣：

板橋的田庄

板橋市外的　田庄
有眞濟田園
庄頭的做穡人

毋驚田水冷霜霜
冬尾時
稻穗若反黃
一粒一粒的古亭畚
滿倉

詩是文字的描述，有作者的思維，但仍繞著畫的氛圍，換句話說，詩與畫是同心圓。再舉〈50.員林萬年里 1978〉爲例，畫的近景仍是綠色田地（正確是菜園），緊挨菜園是房舍及簡陋紅磚砌圍牆，隔條鄉道是右上角的樓房，鄉道兩側豎立成排電線桿，兩名路人朝遠走去，右邊人穿著橘紅色上衣。這樣的景光，台灣處處可見。畫題是畫家作畫地點。詩人康原以畫爲背景，取雙人偕行及作畫地點的萬年里，寫出這樣的詩：

散步

綠色的菜股
赤色的田土
田頭的厝宅
庄內有電火柱咧顧路

手牽手　行過林仔街
毋管是大風抑落雨
糖甘蜜甜的感情　鬥陣行過
萬年里　的　愛情路

原本平靜的一幅水彩畫，因詩人的「詩眼」，讓畫作增濃一份情意。畫家的畫意，詩人的詩情，兩人合作，使得這本書處處顯現詩情畫意。

這本畫冊，另有副標題：日本名畫家筆下的台灣風情。我們欣賞了不破章水彩畫裡流露平靜平實平凡的美學，也回味不久前台灣曾有與仍有的美景環境。閱讀康原的台語詩，領會台灣鄉土情，感染語言的親切。賞畫讀詩，在這本畫冊達到雙重效益：沐浴台灣風情的美麗與薰風。

傑出雕刻家法國羅丹（Auguste Rodin,，1840~1917）說過：「美，到處都有。對我的眼睛而言，不是缺少，而是發現美。」有人說：「發現台灣之美。」其實，都不在發現，而是找回。較不破章先生稍晚的日本另一知名畫家東山魁夷（一九〇八~一九九七）也說：尋覓日本美。不論發現或尋覓，美，以及台灣的美，原本就存在著，除非疏忽與矇蔽。

台灣是寶島，美麗的景觀需要彩筆錦上添花。畫家的筆，詩人的筆，都是人間彩筆。畫家不破章詩人康原兩位搭配形成樸實的留影，共同爲台灣增添記憶之美和人文之美。

玉潔冰清

林少雯

廣東蕉嶺人，台北出生，花蓮成長。自由寫作，目前就讀玄奘大學宗教研究。作品有散文、小說、報導文學、兒童文學、劇本等。曾獲中山文藝獎、中央日報文學獎、中國文協散文獎章、聯合報環保文學獎、台灣省文學獎、省新聞處短篇小說獎等。作品經常入選「好書大家讀」及新聞局、新聞處「優良讀物」。

對環境綠化和水土保持等議題持續關注，因此被台灣文壇譽爲「綠化天使」或「環保天使」。林少雯喜歡旅遊及徜徉於大自然中，並將寫作列爲生命中第一大事，已出版著作五十多種，其中有一半專爲青少年和小朋友寫作。

玉潔冰清

林少雯

一個又一個春天過去了，我始終沒能見到玉蘭花。

每年春天之前，我就在心裡定下與玉蘭花的約會，年年都因爲我赴約晚了，無緣得見芳顏。

失約，錯全在我，只能說聲抱歉；也因此，我對二年的約會抱持更大的期盼；這使我在隆冬季節，就開始盼望春天的來臨。今年，我再一次與玉蘭花定下新的盟約，希望在春暖花開的時節，可以與她見上一面。

等待春天的心情，被蟄伏在大地之內，肉眼看不到，但是卻可以千眞萬確感受到的生命律動所牽引。一想到百花盛開，大地回春所帶來的心靈悸動和愉悅，我的心不由分外殷切起來。

心中的冀望，是一種沒有邊際的能量，隨著心念散發出去，在虛空中無限的擴大，擴大……，達到一定的極限時，再迴轉過來，回饋給有所期望者。

今年，當我像往年一樣花幾小時的航程，換了兩趟飛機，來到春天窩居的小樓，果然一如我的預期那樣，院子裡與往年大不相同。

所謂大不相同，在旁人看來可能毫無價值，但是對我來說，其意義是非凡的。

「玉蘭花開了！」院子裡的人笑瞇瞇的對我說。

可不是，終於讓我見著這心心念念的玉蘭花了。

小樓座落在一個大院子裡，在扶疏的花木中，有一、二十棵玉蘭樹，分布在整個院區內。通往我窩居小樓的石徑兩旁，各種有一棵玉蘭，雖然只有十幾年的樹齡，但卻長得比二樓還高。

這兩棵玉蘭樹，歲歲年年在此忠實守候，看盡院子裡的春華秋實，並守護著滿院的青青綠草，看他們由綠轉黃，再由黃轉綠。

每年來到小樓，總在三月底，院子裡玉蘭早已開過，只能在新生的綠葉中，找尋到僅剩的一、兩朵晚凋的花兒。那零落的的花朵，危顫顫的高掛枝頭，俯瞰滿地猶似白雪的落花，似乎在爲化爲春泥的夥伴默默垂淚，也似乎對自己的命運了然於心。雖然明知即將離枝，但她們蒼白的容顏，孤獨的身影仍兀自在暮春的寒風中昂然挺立。

今年，同樣的暮春三月，小樓前晚開的玉蘭以璀璨之姿迎我。盛開的白色玉蘭花，一朵朵站立枝頭，近看可感受到她們的精神抖擻和喧鬧擁擠。遠看又像覆蓋著白雪的瓊花玉樹，活生生就像是用冰雪所雕鑿出來的，令人驚艷。見到玉蘭花的剎那，我知道今年的春天不一樣了。

玉蘭花眞是不負我的期望。那碩大的花朵，潔白似雪，冰清似玉。她高高掛在枝頭，樣子有點高傲，但向外張開的花瓣，卻悄悄透露出她的親和以及婉約溫柔。

相見歡，是熱烈的，也是熱情的。玉蘭花那白玉無瑕似的花朵，如火如荼地開了滿樹，好似昨夜才下過一場大雪般，讓玉蘭樹一夜之間白了頭，枝頭上不見半點綠意。這種恣意開放的豪邁，是對春天的尊重，也是對自己生命的珍惜。

我常佩服植物對時序節氣的敏銳，他們的生命是依循大自然的節奏和韻律而展現的。花開花落，毫無二心的順著天意，不像人類總是不自量力的妄想著人定勝天。玉蘭花的認命，使她們看去純眞而美麗。這種聽天由命的心，讓她們的容顏，煥發著柔順和暢的光彩；花姿的柔美線條，也展現出幸福安適的笑意。

屋前的兩棵玉蘭，是院子裡長得最高的，在地面上仰望，高不可攀；爬上小樓的西窗，從窗內觀賞玉蘭樹，她們仍然高聳挺立，姿態優美。白玉似的花朵，近在窗前，在微風中輕輕搖擺，一朵朵像淩波仙子，歡喜的降落凡塵，帶給人間玉潔似的完美和冰清似的剔透。

這種玉潔和冰清，不論在枝頭，在人間，總是無法久留。

其實，又何妨，世間本來就沒有永恆的東西。幽深神秘的大海都曾經乾涸過，多少高低不平的海底，如今變成巍峨嶙峋的高峰，原本悠遊海中的魚兒，意外的滯留在山間水澤，山壁上還留下許許多多的貝殼作爲見證；曾經堅硬無比的石頭，有的讓風雕琢出鬼斧神工般的藝術品，有的難逃腐朽破碎的命運，一寸寸剝蝕殆盡，隨風隨水而去；多少堅定不移海枯石爛的誓約，早已轉眼成空，不是人們無情，是世事難料，世間就是如此無常，才會轟轟烈烈，美麗多姿，才更令人珍惜。自然的風華透過騷人墨客的吟詠，變為無限風雅，連黛玉葬花的哀怨，那種情感的失落，也給世間添了幾分文學的淒美，令人心中為之一動。

夜裡，氣溫驟降，在攝氏五、六度的低溫下，院內幽微的燈光，像螢火似的溫暖不了大地。長滿細小芽苞的桃花，也暫時停止生長，連已經盛開的玉蘭也似乎被停格，將青春年華定格最成熟最璨爛的時刻。

裹著毛毯，我獨坐窗前，從窗格子流洩出去的燈光，軟弱無力的照著玉蘭花。在黑夜的寒風中，玉蘭花顯得慵懶，那份懶散中透出的濃厚寧靜，跟寒冷的夜一樣，顯得分外透明，分外潔淨，也更加如冰似玉。窗外滿樹的玉蘭花，彷彿已被還原成一樹的雪花，我才忽然醒悟，原來玉蘭花眞是白雪做成的。

這讓我想起，在台北家中，餐廳牆上掛著的玉蘭花畫作。那是一幅水墨畫，線條明快，構圖簡單，幾筆就畫出一枝橫生的枝椏，上面幾朵含蓄的玉蘭花苞，和一朵盛開的白色玉蘭花。這幅名家的畫作，右上角題著「玉潔冰清」四個字。粗心的我，一直以為我是一朵白蓮花，後來是另一位畫家告訴我這不是蓮花　是玉蘭花。我才認眞地重新打量畫中的花朵和花苞，嗯，的確不是蓮花，整張畫上沒有半片蓮葉，畫蓮少有人不點綴葉片的；我心中疑惑，因為從沒見過這樣的玉蘭花，這跟在快車道上賣花小販所兜售的大不相同。畫中的玉蘭花，美如蓮花，清如蓮花，卻又潔白似雪，這花朵兒難道會是雪花做成的嗎？

如今得見盧山眞面目，原來玉蘭花眞是白雪雕成。玉蘭花那向上開放，寬大的長花瓣，一片片堆疊並圍繞出美好的花形，簡單而迷人；她的花瓣兒不及蓮花多，她開出來的花朵兒也沒有蓮花大，但是遠離塵埃的潔淨和寧靜卻是相同的。

午夜，我熄燈靜坐，玉蘭花在窗外伴我。春寒料峭，玉蘭花枝在寒風和薄霧中發出輕微的撞擊聲，花朵也散發著幽微的香氣。玉蘭花一朵朵靜坐枝頭，跟大地一起吐納，她們氣定神閒，細若游絲，且吐氣如蘭，香氣悠悠然地融入霧中；不似我這凡夫俗子心神不定，吐氣既粗且濁。

夜深人靜，霧靄四起，密密層層地將小樓團團圍住，彷彿置身在雲海之中，而玉蘭花也在一片雲霧中如夢似幻，漸漸隱去身影，消失無蹤。

夜裡，露水和濃霧潤澤著大地；花非花，霧非霧，將雪雕的玉蘭淹沒。想起古人在東風和香霧中，獨少迴廊，以憐愛紅妝之柔情，將高燭照亮海棠，我欲捻亮門燈，替代高獨，但憐蛾不點燈，不能因憐惜玉蘭而殘害飛蛾，於是作罷。

清晨，陽光和煦，飛霧散去，露濕的台階上，鋪著片片白雪，小心翼翼走近前去，卻是凋零的玉蘭花瓣，夜來風急竟吹落幾許落花。原以爲在料峭的春寒中，玉蘭花的璀璨已被定格，但畢竟那只是惜花愛花的心情和過度天真的希望。

希望並沒有成真，時光一分一秒都不肯停留，即使爲美麗的玉蘭花。盛開的玉蘭，昨天已經比今天老，她的青春很快就會消逝，年華很快就會老去，她的每一片花瓣都會前撲後繼的飄落在台階，草地和泥土上，每一朵花都是烈士，若沒有她們的犧牲，玉蘭樹的翠綠葉片不會抽出新芽，花托上不會結出種子，來年枝椏上也不會含蘊出新的花苞。春生，夏長，秋收，冬藏，生命就是這樣輪迴輾轉，無常轉換。不必傷春，無須悲秋，在時序的運轉中，該學習的是珍惜和欣賞，並對無常了然於心。

就在白色的玉蘭花盛開之時，粉紅色的玉蘭蠢蠢欲動，紫紅色和紫色的玉蘭花也紛紛跟進，在春陽的催化下，她們一寸寸將花瓣舒展開來，以繽紛多彩的色澤，與白色的玉蘭分庭抗禮。開得晚，使她們青春飛揚，嬌美鮮嫩，有點喧賓奪主，不可一世的樣子。

粉色系的玉蘭，給院子裡帶來新的氣象，在桃花還沒開放之前，她們的確獨佔鰲頭。院子裡四季輪流開放的花兒有茶花、臘梅、紅梅、牡丹花、繡球花、梨花、玉堂春、紫薇花、洋玉蘭和桂花……等，衆芳群中，我獨鍾情於白色玉蘭，我愛她玉似的潤澤華美和冰似的晶瑩剔透，尤其那冰雪般的潔淨，深獲我心。

不過，同爲玉蘭花，不論白色，粉紅或紫色，其實，無有分別，她們一樣美，一樣香，一樣妝點春天，讓春天更顯得多采多姿；分別的只是人的心和喜好而已。對花這種大自然的生命和上帝的傑作來說，何來美醜之分。不過，任何事務，來到人間，總是被人品頭論足，人們以自身利益爲出發點，將世間的一切，定出是非善惡和美醜。爲了維繫人間的平和，有些是不可或缺的，像倫理、道德、約定俗成的儀規等等；但是當人們將自然界的生物，以自己的利益來界定是與非，決定什麼是益蟲，什麼是害蟲，什麼是有毒植物時，這就踰越了上帝的權限和造物的原意；人們還將這自爲是的知識，一代一代的傳下去，分別心所造成的殺戮，是多少美麗的事務都無法彌補和平衡過來的。

春天，很美，因爲大地回暖，萬物復甦，百花盛開。對我來說，今年與往年更是大不相同，因爲有玉蘭花相伴。其實玉蘭花年年都開，年年都可伴我，只怪我蹉跎多時，遲至今日才來相見。或許，我已錯過許多，但是這種錯過說不定是老天爺刻意的安排，因此，當時候到了，今年與玉蘭花相遇，才能心領神會，意義更顯非凡。

玉蘭花玉潔似的美，冰清似的潔，幽蘭似的香，空靈般的姿態，映照我心，不僅深深地將我的靈魂徹底洗滌一番；也深深鑲刻在我的心版上，成爲內心深處一幅永遠的圖畫。

天涯與故鄉

陳寧貴

陳寧貴（1954～ ），屏東竹田人（南部客家聚落六堆的中堆）曾任出版社雜誌社社長總監等、新詩學會監事、世界華文詩人協會創會理事。並爲「主流詩社」(1971)、「陽光小集詩社」(1982)、「詩象詩社」(1991) 等同仁，2007 年受客委會之邀爲諮詢委員。著有詩集「商怨」暨散文集「天涯與故鄉」等十餘冊。作品曾入選現代文學大系、年度詩選、散文選。曾獲教育部詩獎、優秀青年詩人獎、聯合報散文獎等。

天涯與故鄉

陳寧貴

天涯天涯啊故鄉，故鄉故鄉啊天涯，
你們在那裏？你們都還好嗎？

1在異鄉

我，像一條魚，泅過一浪一浪向我打過來似的人潮。在恍惚中，我錯覺自己是一條力爭上游的魚——在陌生的河流中，歲月與落葉一同飛揚在空中，命運與生命繞著異鄉的軌道在運行。游著，淒涼的鱗片在身上閃爍發光，陽光彷彿在很遙遠的地方呼喚我。我說：「江湖啊，那一天我才能在江畔湖旁植樹種花呢？」

當我注視別一條魚的時候，我的視覺模糊，感覺麻木，牠們的存在與我存在的距離是如此的近，但是，心和心的距離卻如此遠，就像那片白燦燦的陽光，好像在天涯，又好像在海角，照著我心中的那個傷口，那個無止盡的疼痛，便在我與陌生的別人中，流傳開來；我們似乎，用那個傷口在呼吸、在求救，但是一切都在無奈的靜默中進行。

2 蛇魘

我走過那條走了好幾年，仍然覺得陌生的巷弄，這條彎曲的巷弄，老是像一條蛇般，纏繞住我的身子和脖子。「我現在在哪裏呢？」我經常像站立在一片茫茫的大漠中自問，又彷彿在夢中囈語。「我又要去那裏呢？」有時候我像從夢中突然醒過來，望著異鄉一輪冰冷雪亮的月，發愣，然後，悠悠地唱起一首歌來：「思呀想呀起……」

每天，我不得不忍受被蛇纏繞的感覺，朋友說：

「乾脆搬家算了。」

「搬去那裏呢？」我心裏想道：「那條蛇會跟過來的，雖然，我的靈魂害怕牠，然而，在自虐中卻獲得一些可憐又可恥的快感。」我酸痛地喘息起來：「人，尤其是二十世紀的人，老是從一個拘留所，換到另一個新的拘留所，現代人就在這轉換拘留所的過程中，賺取外快（痛苦之外的快樂），哈，家是搬得的，靈魂卻不容易搬呀。」

3 失眠之夜

入夜以後，我居住的地方，被恐怖陰森的黑魔鬼攫住了，半夜裏，偶然會響起小販叫賣的幽怨聲，那聲音也像一條蛇，徐徐地，爬入那蛇般可怖的巷弄，牠們匯合在一起，然後，對失眠的我，採取攻擊，牠們爬動著，慢慢地爬入我的心中，然後，噬咬我的心腸，噬咬我的記憶，噬咬我的惡夢，慢慢地我痛苦地額上滲出了冷汗，冷汗越凝越大，流淌下來，流過眉毛、流進眼睛、流出眼睛（我相信這汗水中已有了淚水），再流過鼻翼、流過嘴唇（伸舌輕嚐祇是有點鹹），再流過地閣（唇下的那塊肌肉），接——著——滴落——到地上。

最後地上一片濕，「是汗還是淚？」我自問。

有時我會不禁跑到樓下去（我住樓上），對著那販子說：「你在出賣什麼？」

「燒——肉——粽。」

「燒的嗎？」

「不燒不要錢。」

「以前我買過一次不燒。」我胡說。

「是我賣的嗎？」

「不概不是，」我說：「你好辛苦哦。」

「爲了生活，每個人都要努力出賣一些東西，你不是嗎？」

「快，給我兩個粽子。」

我的心抽痛了一下，趕快付錢給他，取了兩個燙手的粽子上樓去。

「他，簡直是魔鬼！」

今夜，我將失眠了，讓那些成群結隊在黑夜裏向我的心事吐信的蛇，冷冰冰地壓住我不安的靈魂。

4 故鄉的呼喚

逢年過節，故鄉就會呼喚我，它那輕微和藹的聲音，就像一陣風，吹走了我黑色的心事，吹來了一絲暖意。它輕扣我心靈的門：「歸來吧，故鄉的田埂會帶你回家；你離家時的足履，已經長上了青苔，等著你回來擦拭。」

在那悶熱擠滿歸心似箭的人們中，我跋過千山，涉過萬水似地擠到售票窗口。這時，我感覺到襯衫下的肌膚洶湧澎湃著一股熱氣，汗水像種籽般，衝出肌膚，一顆顆從毛孔中鑽出來，不久我彷彿聽到萬條水流在身上奔流的聲音。

當一張票從售票窗口送出來時，我一顆心已開始急促地擂打我的胸口。

「歸去來兮，田園將蕪，胡不歸？」我的心吟唱著。

蕪矣！我心裏的田園。在忙碌的異鄉，連自掃門前雪的時間都不夠了，久而久之檢視積雪——積雪千尺，人怎能不凄涼？

和一群急著趕回家去的人們站在月臺等車，這時我總是喜歡左顧右盼，我無法理解爲什麼我的手上，和其他人的手上都提著大包袱，我們到底是逃難還是回家呢？每個人要離家時都提著一個大包袱出來，回家也要提大包袱回去；難道說：人就不能不帶包袱？

在痛苦中帶著浮光掠影似的快樂等待下，車子終於進站了——平快車。火車離進站大約五十公尺處，每個浪子，手中緊緊地握著大包袱，渾身肌肉頓時緊張起來，像一顆顆蓄勢待發的子彈，我們人雖然還未投射出去，但是，我們的目光早已投射出去——目光，好像是希望的光；又好像是豺狼虎豹兇惡的目光。

當然，如果把這輛平快車比喻爲骨頭，那麼，我們豈不是搶骨頭的狗兒？

火車離站二十公尺時，狗吠聲開始此起彼落。

你想過嗎？回家也需要競爭。

5 歸途

經過一場爭奪後，不久勝負確定。奪到座位的沾沾自喜，沒有座位的祇好有些沮喪地坐在座位的把手上；家，仍然要回的，坐的也好，站的也好，在回家的大前提下，每個浪子都會頓悟忍耐的意義。如果是夏天，這部車子，眞的叫「火車」了，裏頭熱烘烘的，每個人好像是夾在烤麵包機裏的土司。

你想過嗎？回家也需要流汗。

突然，有嬰兒的哭泣聲，接著是母親的聲音：「乖，乖哦！」我舉目望去，母親正流著汗在爲孩子搧風，父親從大包袱裏把預先沖泡好的奶瓶取出來，動作迅速熟練地把奶嘴塞入嬰兒的嘴裏，嬰兒的哭聲立刻停止了。

「眞是有效。」我露出會心的微笑：「每個人都嗷嗷待哺，哭泣時，塞個奶瓶給他，什麼難事都能解決罷。」不一會查票員來了，大家紛紛把票出來。

「你的票呢？」有個人在身上搜了老半天，仍然找不到車票，查票員不耐煩地催問。

「我剛才還看到票哩。」那人手忙腳亂，最後還把大包袱的東西倒出來：「這張死票，看你逃去那裏。」

「那不是你的票嗎？」我用手指指他的票。

「那裏？」他顯得有些興奮。

「夾在錶帶裏嘛，」我走過去把他的票從錶帶裏抽出來：「哪，你看。」

查票員冷冷地在票上剪了一個洞，一陣風似的走了。

「眞謝謝你啦。」那人說。

「像這種事每個人都會發生。」我說：「我以前就曾經發生過。」坐在旁邊的一個女孩子嫣然一笑，好像說：「難怪你找得到票。」

6 回　家

經過幾個小時的趕路，從車中下來時天已黑了。故鄉的小站依然陳舊狹窄，像一隻面目醜陋的老蟾蜍，蹲伏在陰暗的角落，牠是認命的，任憑時間之水如何沖洗，牠依然睡眼惺忪地注視著每個從異鄉歸來的浪子。

「啊，是你？」那位當收票員的堂兄發現了我：「車子很擠吧？」

「好像從地獄逃回來。」我開玩笑：「近況如何？」

「吃飯、睡覺、拉屎，」他說：「你發胖了。」

「最近胃口不錯。」我說：「除了胃以外，我身上沒有一處正常。」

「哈，晚上下班後我會去找你聊天。」他說。

走出了車站，前面展現的就是一條黑暗的小路，路的兩旁種了芒果樹和稻子，一陣風拂過來，它們彷彿突然遭到騷擾似地驚叫著。這時我的腳正踩在故鄉的背脊上，鞋子和路磨擦出我的竊喜，我走到路旁，伸手摸了摸一棵芒果樹，樹在風中蕭蕭，好像和我打招呼，我說：「妳懷孕了吧？什麼時候結果子呀？」

這時稻田中響起了萬籟之聲，它們好像乍然間播響了夜的大琴弦。「好美的聲音哪。」我幾乎歡呼起來：「這聲音是大自然的翅膀，它是唯一可以載動人類苦難靈魂的翅膀。」於是，我感覺身子浮在空中，在風中飄動著前進，我抬頭望天，天上繁星佈滿天空，把天空這頂皇冠點綴得富麗堂皇。「啊，我將乘風歸去，戴著這頂皇冠，凱旋歸去……」十分鐘後，我看見了家的燈火，那盞燈我是極熟悉的，因爲，我在異鄉的時候，它就一直點燃在我的心中，它幾乎使我在漆黑和淒涼的異鄉，找到了一點光明和溫暖。在燈火照亮處，我又看見了屋旁的榕樹，它的枝葉現在更是飛揚跋扈，諒它在這裏一直都很得意吧，不一會它的枝葉彷彿是千萬條手臂向我揮舞，以最熱情的姿態迎接我回家。

7 天涯與故鄉

我提著大包袱走進家門，這時他們正聚精會神地在看電視，我的突然出現使他們拋棄了電視裏的精彩情節，也許我是他們心目中任何劇情中的主角，是高潮中的高潮。

「你爲什麼不先打個電話回來？」父母異口同聲說。

「臨時決定的。」我說，心想：「任何高潮的出現都是突然的啊，不這樣怎見精彩呢？」

「肚子餓嗎？」母親把大包袱接過去，我的心又想道：「這世上還有誰願意把我手上的大包袱接過去呢？」

「我在火車上吃了一個便當。」我說。這時我發現父母親的頭髮上，已經開始降落人生的霜雪，我看在眼裏心中發寒。「我現在一點都不餓，眞的。」

「那去洗把臉吧！」父親說：「把一路上的風塵洗掉。」父親拍拍我的肩膀，眼角的魚尾斑深深地刺入我的心靈。

「他老了。」我心中呻吟起來。

「洗臉去吧。」母親催促，我不敢看她的魚尾斑。

我走入浴室洗臉，把一盆水都洗黑了。「路上的風塵眞可怕。」我的小指頭往鼻孔一挖，居然也挖出一團黑漆漆的東西。

「家裏的稻子成熟了？」我又走回客廳。

「是呀！」父親說：「找不到人收割。」

「爲什麼？」

「鄉下的孩子都往都市跑，其實，留在鄉下會有什麼發展呢？」

「那成熟的稻子怎麼辦？」

「反正煩惱也在這個時候成熟了。」母親哀傷地說。

我們在一起談了很久，夜深了，夜的體溫下降了，我心中的哀愁也逐漸加深。我想道：鄉下的孩子都跑到目迷五色、耳亂五音的都市，去尋找他們的天涯，在異鄉受盡人情的風寒，現實的冰雹，天涯仍渺不可及，他們找不到他們的天涯，久而久之也失落了他們的故鄉。

然後，我走入一間久未住過的臥室，打開門，就衝出來一股嗆鼻的腐霉氣。牆壁上縱橫著張牙舞爪似的水漬斑紋，我想，下雨的時候這間房子很可能會漏雨。牀頭的一張小桌子，像是獨守空閨的怨女，成年累月的哀愁，使她變得無情了。我想起學生時代，我坐在她的旁邊讀書寫字，因爲我的臥房也是我的書房，書房門口經常寫的一幅對聯是：「風聲雨聲讀書聲，聲聲入耳；家事國事天下事，事事關心。」當我想起這幅對聯時，我笑了，我看見小桌上的鏡子裏，映出陰森而晦澀的笑。我的目光像貓捉老鼠一般四處搜尋獵物，我抬起頭發現屋角有個蜘蛛網，蛛網的中間有隻蜘蛛伏臥在那裏一動也不動，大概睡著了吧，在網的邊緣有兩三隻中計的小蟲，等待明作爲蜘蛛的佳肴。突然，一個邪惡的念頭，迅雷不及掩耳似地擊中我，此刻我幾乎昏迷過去。

我抬頭望著蜘蛛。「你眞是一隻沒志氣的蜘蛛。」我罵道：「你應該到有風有雨的地方去織網捕食，你怎麼可以佔用我安逸的臥室謀生呢？」我走到外頭找了一枝長竹竿，先輕輕碰了一下蜘蛛網，可是，那隻蜘蛛也許安逸慣了，仍執迷不悟地照睡，我火大了，一竿子把網打下來，蜘蛛落到地上開始驚慌失措了，忽然，牠找了個破綻企圖逃走，我一腳重重地踩在牠身上，還覺不甘心，腳又在地板上磨了幾下，然後提起腳，地板上祇發現一小灘污水，蜘蛛已經不見了。

「混蛋！這是我的地方，你知道嗎？」

在那面鏡子，我又看見我陰森而晦澀的笑。

撞機是人生轉機的開始

許德英

兒時家住淡水河邊，每天看老鷹凌空而下追捕魚食，其快速靈活身手，使我常幻想：能飛眞好！

空軍官校畢業，享受「得遂凌雲願，空際任迴旋」的快樂飛行。沒想到，飛行意外左腳截肢，心情苦悶常怨恨：想飛的心爲何要實現？

歷經長期的肢體與心理復健，漸有所悟——原來眞正的飛行，不單只是軀體飛離地面，精神也應隨之超脫！

拿駕駛桿的手改握筆桿，榮獲國軍文藝金像獎、空軍學術論文獎，出書「換個跑道再起飛」（民國 86 年圓神出版社）。

撞機是人生轉機的開始

許德英

民國七十四年十二月十七日，飛行序列排著「始曉」訓練任務，我不得不在大寒流天起個大早，用 F-5E 戰機追著黎明晨曦，飛上天去執行，「攔截兼纏鬥」的戰技操演。

落地之後，身著單層飛行衣的我，卻因戰鬥動作的激烈而全身汗水溼透，看著同僚身上也冒起那汗氣蒸發出的白煙，趕取要大家先擦完汗、穿上夾克，才開始任務歸詢。

起飛卻沒有落地

當時我是四機領隊的分隊長，飛行時間有一千二百多小時，做完第一批訓練的歸詢，緊接著又是第二批同課目的飛行。誰也沒想到，第二批的飛行前任務提示，已然劃上了我戰鬥飛行生涯的句點。

四架戰機在天上的攻防操練既緊張又刺激，雖然意猶未盡，但因安全油量的限制，只好停止課目由戰管引導返航，兩機一組先後加入嘉義機場的航線管制區。

飛到機場航線強制報告點，我呼叫：「通過航線加入點」

「許可繼續進場，五邊五浬再呼叫」塔台回答。

我剛說「照辦」就與中興號教練機對頭相撞。

相撞前，我因爲飛機轉彎的視野死角，並沒有看見對方；撞上後，撞擊力量立刻使我陷入昏迷，對發生的一切情境全然不知。唯一可以確定的是，這是一次有起飛，卻沒有落地的空難！

我的左腳呢？

飛機相撞是我人生噩運的結束，因爲我雖未能即時閃避或彈射跳傘逃生，但隨後的遭遇，要不是有幸運之神伴著我，怎麼能總是化險爲夷，順利得到死裡逃生的救護呢？先是對方的飛機撞擊到我壓坡度轉彎的機腹，因而引爆座椅的彈射火箭，意外的將人椅穿破座艙罩彈出機外；昏迷的我，才能隨著緊急逃生的彈射座椅，逃離撞裂燃燒的飛機。接著是降落傘自動展開，飄降到新營市新東國中的操場，獲得正在上體育課湯立新老師的協助落地，以及校護蘇瑞菊小姐的止血急救，倖免了墜地的二度傷害與失血過多的險境。

最幸運的是，看到空中相撞追蹤而至操場的警車，馬上送我到新營張外科，緊急輸血後用救護車轉送台南空軍醫院。經X光檢查，發現受創嚴重的部位是：腦震盪、血氣胸，脊椎裂損、左手肘開放性骨折、右膝蓋骨碎裂、左大腿內骨折、左小腿粉碎性骨折等，台南空軍醫院無法醫治如此重創，立刻申請救護專機急送台北三軍總醫院。

一個多月後，我從腦震盪的昏迷中甦醒，還不知道發生什麼事，掙扎地問周遭的人：「我怎麼會躺在這裡？」

沒有人回答我。突然間，一股劇痛自腳底生起，我禁不住的睜開眼往下一看，驚恐立刻取代了劇痛，張口嘶聲大叫：「我的左腳呢？」

單腳游泳復健

身心慘遭嚴重創傷的我，開了十四次刀，輸了七千西西的鮮血（血債血償，至2007.06.18我已還了34,500西西），住了二十個月的醫院，終於能左腳穿著義肢、雙手撐著枴杖出院了。

在身體復健方面，游泳是我的大功臣。回想當年首次下水，在池中用一隻腳踢水，會造成不平衡而歪著游。不得要領的游了一會兒，突然想到我飛的機種是F-5E，它裝有八具發動機，平時就練有一具發動機故障，造成單邊推力不平衡的操作經驗。水裡與天空一樣是三度空間，用划水的角度來調整方向，即刻彌補了單腳踢水的不平衡。

特別是用眼睛看著池底的黑線配合，更能體會目視飛行時用「天地線」作參考基準，再用手當調整片的訣竅，沒多久就克服障礙游成直線了。十七年後的今天，我仍持續不斷地以游泳復健，千禧還參加日月潭橫渡呢！

在心理復健方面，雖有精神科醫生的治療，長官、同袍、親友的協助，以及妻子的容忍與激勵，仍然無法接受「爲什麼是我？」的慘痛事實，重大創傷「壓力症候群」的陰影，一直揮之不去。

儘管失事調查列出相關肇因，空軍也規畫出航線的「防撞計畫」，卻凸顯出一個事實，就是那次相撞「假如不是我」，也可能會發生在別人身上，因爲當時的飛航管理體系存有瑕疵。

換個跑道再起飛

心理調適是一段內心煎熬的過程，除了以「筆桿」取代「駕駛桿」，摸索心靈表白的出路之外，也想面對個人的慘痛經歷，找出「爲什麼是我」與「假如不是我」的答案。

這種「人溺己溺，感同身受」的心境，促使我蒐集相關資料，從自己的案例開始探討，並積極參加國內、外飛安課程的學習，全力投入飛安管理的研究。「從天上下再爬起」的信念，使我經常發表確保單、民航飛安的建言，希望空難的悲劇，永遠不要發生在可以預防，卻又疏於防範的狀況下！

回顧成殘十七年的歲月，撞機是我人生轉機的開始。當我坦然面對撞機的事實，反而使我走出重大創傷症候群的陰影，不但安然渡過身、心理的復健期，更能獲得「空難倖存者，飛安代言人」的研究肯定（註），人生轉機成「換個跑道再起飛！」

註：民國八十四年榮獲空軍學術論文「軍種獎狀」。民國九十年榮獲民航局「飛航安全高階主管訓練班」講演評鑑優等，以及民航局出版「航空安全人爲因素探討及案例分析」專書撰述者之一。

繭

李宗慈

李宗慈，河北天津人，文化大學中文系畢業，曾任文訊雜誌主編、東方婦女雜誌副總編輯、國際廣播雜誌總編輯，中央廣播電台出版組組長、博庫全球華文網站台灣站長、CBS網站執行長，並曾主持書香、兒童等廣播節目。榮獲文藝協會報導文學獎及彩虹青年散文獎、新詩獎、台灣省新聞處報導文學獎勵出版。出版《圖書館巡禮》、《與音樂調情》、《他們的故事》、《紙筆人間》、《吳曼沙風與月》、《心情》、《麵包店裡的咖啡》、《和名人握手》等書，主編文本、有聲出版多項，其中《中華說唱曲藝小百科》榮獲2000年金曲獎非流行音樂最佳專輯獎。

繭

李宗慈

繭，蠶吐絲做成橢圓形的巢，蠶藏在裡面變成蛹，如蠶繭。但是手足過份摩擦而生的厚皮，也是繭，如重繭而不休息。

　已經是連著兩年了，一到春天，咱家的小朋友便必須四出尋求桑葉，好餵飽家中那一人一盒十餘「仙」的蠶寶寶。起初，是因爲三年級下學期自然課本中有那麼一課：介紹蠶的一生，尤其關於蠶的完全變態，更是大自然界的奧秘。經由一次又一次的脫皮蛻變，蠶寶寶一天大過一天，冰涼的體溫，通體碧綠的色澤，軟軟的蠕動爬行，比之於人類更孜孜矻矻的吃食，著實叫人看之稱奇。

　從蟻蠶的小不點開始，小雨便極力的想使她的「寶寶」一夜變肥變大，當然她也不忘要阿威共同飼養。威的心細，從合作社買回來的桑葉又粗又老，挑挑撿撿下來已沒幾片，但是他仍然不厭其煩的拿著衛生紙拭乾葉片上的水珠，小雨可沒那麼仔細，她總是差不多就好的，直接將桑葉放入盒子中，任由寶寶們蠶食。

　蠶食的蠶寶寶食量驚人，感覺牠們似乎是從不休息的一直在吃，明明才放入幾片鮮嫩，才回頭，沙沙價響的已賸下無幾。牠們是拼命的長大，只在脫皮時才稍稍休息。

這樣拼命長大，常常令夜眠的我，忍不住夜半偷窺。卻發現待牠們長大到手指般肥厚粗潤透明時，牠們卻又將自己層層包裹，用牠們自己吐的細絲，緊緊紮束。

人們說「作繭自縛」，但是看蠶寶寶們的做繭，卻又像是遊戲，更像是工作，不眠不休，非到將自己完全包裹絕不停止。牠們不但認份，並且幾乎是完美。完美的藝術工作者，完美的建築家。因爲牠們是那樣爲自己營造出一個蛻變與成長的天地，雖然小小一個繭，但是端捧在掌心中，竟然瞧不出絲毫隙縫。

我不敢以人生道理詮釋，更不想以任何言語述說蠶寶寶的故事，雖然我們都知道破繭成蛾後，在卵成卻未幻化成許許多多的蟻蠶前，蛾必先亡。但是期待更多新生命的展現，卻較諸蛾亡的重要。所以只聽見兒子喊著：「這隻蛾不動了！」女兒也叫著：「這隻也死了！」但是，更多更大的歡呼聲卻來自「有好多好多像小螞蟻的東西在動在爬了。」

一次，聽民俗音樂工作者簡上仁談起他小時候，說起那時節把蠶養到成繭成蛾，卻耐不住性子等到卵的孵化，索性一股腦全塞入阿嬤的抽屜裡。沒想到有一天，卻聽見他家阿嬤在房裡大叫，罵著是哪一個死孩子，搞得阿嬤一抽屜「小黑蟻」。

當場笑起那個叫「死孩子」的童年。而養蠶的經驗，卻硬是成爲我們共通的童年。就連小雨、阿威，也同樣有著一個養蠶的童年回憶。當然，更要謝謝蠶寶寶，牠們經歷數千年來，仍然只愛吃桑葉的執著。

可是，有一天，阿威放學回來，卻捧著雙手叫我看，看他掌心上因爲攀爬單槓以及比賽爬杆所磨蹭出來的水泡。他說有一點痛，但不要緊。

第二天，威再度張手讓我觀察。原來在他的手掌上，不但有昨天舊的磨痕，更多出不少新的水泡，其中一個還被他戳破。他神采奕奕的說，自己是班上的爬杆高手，不但爬得又高又快，而且玩單槓遊戲時，他們還用雙腳夾人比腳力，更比手的握持力；另外，他又附加一句，大家都在比誰手上的「繭」最多。

比繭多？一個二年級仔當眞下課便拼命吊在槓上，拼命用雙手雙腳將自己攀爬至杆頂，再像小猴子般溜滑下來。

不用幾天，威的繭已經不再成水泡，他們只是繼續在原本細嫩的皮肉上加厚加硬。威說，班上繭最多的有十三個，而他是第二名，共有十二個繭。

一雙有著十二個繭的八歲男孩的手，握起來的滋味很不一樣。

爲了比賽「繭」，他們在遊戲中一次又一次磨厚生命的痕跡以至成繭。我突然好生喜歡，喜歡這些「比繭」的孩子，他們克服痛，克服害怕，而完成了比賽。

我請威摸摸我的繭，在右手的中指第一關節旁，在右手小指的第一關節外側。中指是握筆磨出來的，小只是寫字爲文時支撐與紙相磨成的。

威很高興的說：「我們都有繭。」我也很高興。因爲打從下定決心成爲一位文字工作者，我的繭與日俱硬。

生命的過程儘管各有不同，繭的意義也各有所含，但是有繭的生命，確定有滋味。

兄弟情

王雲龍

退伍前，長官問：「不玩了？」我說：「嗯！不好玩。」從此解甲歸「家」。

十年過去，是讀了一些閒散的書，也寫了一些文章與書。如今，眼睛花得厲害；書已看得慢些，連筆也寫得有些乏了。唯在生命旅途，仍努力往「出死入生」的大方向邁進。

兄弟情

王雲龍

德國的某一個小村莊，流傳一則溫馨感人的故事，在口口相傳下，漸漸就沿傳開來了。故事主人翁是一對務農的兄弟，他們共同承繼父母所遺留的田地，每天不分彼此肩荷著農具下田工作，直到日落才各自返家，所有農作物收成，一向是平分，從來有過任何的爭執，所以鄰居們一提到這對兄弟，無不豎起大姆指。

有一年的冬天，天氣特別的寒冷，造成全國性的農作物欠收。當然，這對勤勞的兄弟，依舊如常的工作、依舊如常的返家。住在東村的哥哥，在孩子上床睡覺後，在靜靜的夜裡，不禁的自忖：覺得自己是個幸福的人，回到了家裡，不僅有熱騰騰的飯菜享用，還有妻子與一對可愛的子女迎接，是多麼愉快的事啊！臨到老的時候，也沒有什麼好畏懼的，還有子女可依靠；但是弟弟就可憐多了，不僅沒有妻室孩子相伴，夜夜面對的是冷清的空屋，生活還有靠自己打理，這麼冷的冬天，心情上一定不好過，所以弟弟比我還需要過多的收成來兌換金錢，以備未來娶媳婦，或是到老時做爲養老用。想到這裡，哥哥決定把倉庫裡穀物收成的一半，偷偷的送到西村弟弟家中的穀倉裡，在嫂嫂沒有異議下，哥哥半夜駕著驢子，載著滿滿的穀物趕往西村去。

另外住在西村的弟弟，在吃過晚飯後，點燃一支菸，舒服的坐在客廳搖椅上享受。他想到住在東村的哥哥，自忖道：「想必哥哥嫂嫂正忙碌孩子們的事，那能如我一般的舒適、自在，一人吃飽就是全家飽。」於是弟弟認爲哥哥的家庭生活負擔重，應該要有更多的經濟來源，所以決定把自己收成所得的一半，資助給哥哥一家。

當天夜半寂靜的時刻，兄弟二人各載著穀物分別從東、西村出發，運往對方的住處去，兩村互通的道路只有一條，所以兩人在路途上不期而遇，兄弟倆各被對方的用心所感動，只是互相緊握著手，說不出話來。

故園夢回

琹　川

琹川，本名洪嘉君，台南縣新營市人。輔仁大學中文系畢業，國立台灣師範大學國文研究所結業。曾任文化出版社編輯，報刊、雜誌花藝專欄作者，現任教於台北縣立高級中學。《詩語飛翔》專欄作者，秋水詩刊執行編輯，秋水詩社網站駐站。著有詩集《風之翼》、《琹川短詩選》（中英對照）、《在時間底蚌殼裡》、《飲風之蝶》、《琹川詩集》；散文集《種藍草的女子》；小說《夢裡玫瑰》等。曾應邀舉辦個人油畫暨創作展，並參加過多次畫展，詩、散文及畫作被選入國內外各選輯中。

故園夢回

琹川

我想，我永遠忘不了那夏日黃昏壯麗的天空下，閃耀著金燦暉光，無邊無際翻湧的稻浪；恍如乘著時光列車，來回奔馳於這片美麗的平原，過去、未來，時間綿延成一條記憶裡閃亮的河流。

每當生活的陰影巨大的壓下來，又值心靈鬧飢荒時，總忍不住要跳上這一列火車，回到那片金色的平原，充沛逐漸枯竭的生命力。

轟隆轟隆——火車聲穿溯過重重塵煙沙幕，彷彿又回到那樣的一個年代，物質生活雖不豐裕，卻充盈著勤奮向上的氣息。轟隆轟隆——父親碾米工廠裡的機器一年到頭轉個不停，忙碌的父母親，桌上冷了的飯菜。每當農曆八、九月，院子裡的燈籠花開得正艷麗時，也就是稻穀收成的季節，父親忙著各處去採購，廣大的庭院成了曬穀場，一隴隴金黃色的稻子，在熾烈的陽光下不斷地被翻動，空氣中散發著馨暖的稻香。轟隆轟隆——午后的一陣急雷，打得人人隔鄰相呼喚，家家總動員，趕在西北雨傾落之前 掃收稻穀、裝袋、收藏，雨終於劈哩啪啦的落下來了，汗珠混合著雨珠的村民，看著屋簷下一袋袋的米穀，又望望下著雨卻依舊黃亮的天空，欣慰地喘了一口氣。

有一陣子常鬧水災，門前的道路由於地勢較低，每當積水逐漸淹上了前廊，父母便忙著把一袋袋的稻米和飼料，搬上併起來的長板凳上。至於我們小孩子則興高采烈的摺著紙船兒玩，雨小時就跑到馬路上去戲水。大水退後，上學的路上常留下一窪窪的積水，小學生們最愛穿著雨鞋故意踩得水花四濺，而當時的我卻一路戰戰兢兢的避開，因爲那窪倒映著雨後飄著白雲格外藍亮的天空，像是另一個世界的入口，深怕一腳踩上去，便掉入了下面的天空，再也回不來了呢！由於鬧水災，稻米收成不好，糧食局逐大量進口泰國米，並極力鼓吹它的營養價值，但是人們仍然懷念那又白又胖的蓬萊米，因限制配給，以之帶著戶口名簿湧到店裡來買米的村民，形成一種奇特的景象。

除了幫忙家事外，廣闊葱綠的村野是孩子們的天堂，捉迷藏、撈小魚、釣青蛙、爬樹、摘果子、烤蕃薯、灌蟋蟀、捕蝴蝶……當時很少有現成的玩具，反而激出對孩子遊戲的創造力，削竹片糊報紙自製風箏，縫小方袋裝入了白米或綠豆便成了沙包，甚至吃完的龍眼吐出的黑色種子，也成了女孩子喜愛的玩具之一。我們把龍眼子散灑在地上，然後於兩粒之間用手指虛劃一條線，再以食指撥動其中一粒去碰撞另一粒，若成功了便可選一粒龍眼子，並能繼續玩下去，若失敗了則換人，那時每個小女孩都寶貝似的擁有一、兩罐又黑又亮的龍眼子哩！

村子太子宮廟前的廣場上，有一棵三人合抱巨大的榕樹，粗壯的樹幹分椏處，形成一可坐臥的隱密凹地，是我獨處的好地方，玩累了便一個人爬到樹上睡個覺，或者採摘榕樹的嫩葉，咀嚼那酸酸澀澀的滋味，無聊時也用榕葉試編帽子，還眞讓我編成了一頂大圓帽呢！

太子宮廟是村民的信仰中心，廟中供奉中壇元帥三太子李哪吒，據說頗爲靈驗，因之每年農曆九月初九，李哪吒太子誕辰，早從八月底起，一輛輛的遊覽車便載來了遠道的進香團，沿途敲鑼打鼓的，使得平靜的村莊頓時熱鬧起來了，直到九月初九當天達到了最高潮，當晚全村大請客，外來的食客一批批的湧入；廟前廣場更是熱鬧非凡，三班野台戲正鑼鼓喧天，各自使出渾身解數，相互較技。台下賣冰棒、棉花糖、糖葫蘆、烤香腸等小販，穿梭於觀衆之間，附近還有射汽球、套圈環、打彈珠……等遊樂，有如嘉年華會般，人人臉上綻著歡樂的笑顏，享受秋收後一年一度的慶典。我出生那年，不知何故慶祝活動提前於八日舉行，當晚席開宴客時，大腹便便的母親突然陣痛，隔天凌晨就生下了我，正巧與中壇元歸同誕日。後來母親提起此事時常打趣的說，大概我在她肚子裡耐不住寂寞，也急著要出來湊熱鬧了。

不過我還是喜歡廟中的平常日子，窩在榕樹上，看附近下棋的老人，廟裡禱神祈福的村民，純直樸素的面容，虔誠地禱唸叩拜，隔著廟前金爐中的裊裊香煙，一片太平安和的景象。樹上的我，不由得也感染了那份受神庇祐的幸福寧謐之感。

當時農耕之餘，家家戶戶都以飼養豬雞鴨等家畜爲副業，父親的碾米工廠也兼賣飼料，店門前有一座筒狀橢圓形攪拌機；我總愛遠遠在一旁，看長工阿勇把一塊塊的大圓麥餅放進碾碎機裡，不多時大圓麥餅就像月亮一般逐漸蝕缺碎落一地，之後和玉米粉、米糠等其他飼料，一起倒入攪拌機裡。阿勇是個沈默卻工作賣力的中年男子，大概是姑媽的關係才到店裡來幫忙的吧！據說姑丈被充軍到南洋去不幸戰亡，年輕的姑媽帶著兩個兒子，守了幾年寡之後，竟和阿勇相識相愛了，只是阿勇另外也有個家，他們不顧村人的閒話就住在一起了。而年幼的我，對於阿勇一直莫名地有份戒懼之心，大概潛意識裡對他有所排斥吧！只是我仍忍不住要去看大圓麥餅像月亮般消失的誘惑。

那是一個秋日的黃昏，空氣中絲毫感覺不出涼意，我放下了書包跑到表妹家去玩跳橡皮筋，黃橙橙的夕陽灑了我們滿身滿地。突然屋子裡傳來一陣騷動及哭喊聲，我們都嚇呆了；原來我那位高大英俊卻終日酗酒的大舅，竟然服毒自殺，被發現時已回天乏術。第一次面對死亡，令我既驚駭又不解，那麼溫婉柔順的大舅媽以及七子二女，他，怎忍心都抛下？是生活不得志？或者一時的賭氣？當時表妹與我同年，才讀國小五年級啊！此後可憐的大舅媽除了撐持一家的生計，還必須忍受一些無妄的謠言中傷；記得有位遠房同姓族人的姨太太，竟莫名的指稱大舅媽勾引她丈夫，大舅媽聽說後氣得昏跌在門檻旁，久久說不出話來，村醫爲她打了針強心劑，仍然無法站起而癱坐地上傷心的哭泣，那情景至今回憶起猶歷歷在前。自此除了到田裡工作外，將近二十年來，大舅媽幾乎足不出戶，像隻春蠶般深深的把自己封藏起來，以杜絕流言。

國小六年級的我早從童話故事中走出來，一頭又栽入漫畫書堆裡，其後更迷上了文藝言情小說，滿腦子的幻夢，以致上了中學，有意無意間竟塑造自己成一個多愁善感的少女。每天一放學，喜愛獨自沿著二舅家屋後瓜棚外的田埂漫步，看白色的狗尾草在風中優雅地搖曳著，不遠處順著糖廠小火車的鐵軌，有一條清澈怡人的小溪，溪旁種了許多的果樹，過了軌道便是座水泥橋，橋下則是有名的嘉南大圳——嘉南平原稻田給水的命脈，每當水閘打開時，坐在橋上閉目聆聽那湍滾水流，彷佛置身於大海之畔，面對的是洶湧而來的波濤巨浪；而傍著圳水對岸是一隆起土丘，上面長滿了高大的野草，不斷地拍擊著漸濃的暮色，又引我邊塞蒼茫之遐思。黃昏的天空霞逐雲奔，群鳥歸翔，到了夏季，景象更是浩瀚壯觀，好似一幅絢燦的潑彩畫；歸程時風光尤其明麗動人，只見紅瓦白牆點綴在青翠的田野之中，遠眺房舍上裊裊升起的炊煙，頓時覺得胸懷淡遠了。而瓜棚下外婆常隔著圍牆呼喚我 殷切留我吃了飯再回家，雖從不曾留下，但外婆那映著餘暉飛揚於風中的白髮，以及慈藹的容顏，卻深深刻鏤在我的心版上。

我將此地取名爲浪霞園，它成了我攜夢展翼的天地，任情任性，海闊天空，無所羈絆，陪我度過了美麗與哀愁的青春年少。直到高二，有一回邀請室友來此一遊，向她提起浪霞園的種種，對方冷不防一句話：「天天傍晚來此散步，妳一個人？難道不怕？」我猛地心裡一震住了腳，環顧秋收後荒寂的田野，以及附近長得比人還高的幽深蔗園，原先那份單純無機之心頓然瓦解了，多年來曾是如何的一種美好心情，當時忙著品賞大好風光，編織無數個美夢，哪曾意識到現實的危機！之後重遊，那樣的心情再也回不來了，就像無憂無慮的歲月逝去了一般。

上了高中負笈嘉義，只能星期假日回家，每當客運汽車轉入了往家園的木麻黃道時，凝望著窗外遼闊的田野，眼前綠蔭成拱，俏麗的牽牛花紫紅一片，鋪滿了道路兩旁——內心便莫名地感動和振奮。這時期父親買股票虧了不少錢，母親遂決定以家中的積蓄，老屋旁的庭院中蓋一棟雙併的兩層半洋樓。新屋落成了，但老屋也賣了，連屋前的花圃，木格窗前那棟夏季會纍纍結滿綠色果實的釋迦樹，以及窗內那以數十隻藍色紙鳥編串成的「一簾幽夢」時代也必須告別了。由於房子太大，父親打算在一樓做點生意，開什麼店好呢？我們這些孩子最先想到的是小說漫畫出租店，只因爲過去都把零用錢進獻給這些店，要是……我們想得眼睛都發亮了，最後父親「不負衆望」終於開了村中第一家文具行兼小說漫畫出租，多少替村裡增添了一點「文化」氣息，此後我們如魚得水，人人手捧一本，看得顧客上門找不到老闆。

之後再度負笈北城，讀書、工作、結婚、生子，一晃眼十年過去了，離家也更遠了，然而對故園的依戀之情，卻如盤根心土的小樹，在流逝的歲月裡日益茁壯，於是遊子般來去匆匆，穿梭於時光裡那片金色的平原，以及無法忘懷的人事變遷中——

經過了上一代的努力，物質生活大爲改善，農村逐漸現代化，一棟棟的樓房取代了原先的紅瓦磚牆，欣慰地矗立於拓寬的街道兩旁；青年人大量外流，不然就是到附近的工業區或工廠上班，田野農事大多仍由老一輩在操持，飼養家畜的副業早已過時了，勤奮一點的年輕婦女寧願在家裡接一些手工當副業，而父親的碾米工廠隨著時代的更遞，不知不覺也走過了巔峰時期。

回到了家，說不出的自在與閒適；暑假裡姊的兩個孩子也到外婆家來玩，小外甥不會說台語，兩人吵架時，只是爭著母親訴苦，由於語言不通，比手畫腳的簡直雞同鴨講，往往鬧到最後全都忍不住笑成一團了。我照例跨上了腳踏車到太子宮廟去轉轉，小小的一座廟早已容納不下信徒們的熱情，他們在廟後買了一片地，巨資了座氣勢巍峨的新廟，我進了新廟悠閒地流覽著，雖然少了歲月薰染的蒼勁古雅氣息，但畫簷雕樑，美侖美奐，其華美壯觀是不容否認的。這時正殿中有位女子忽然起乩，全身抖動了起來，旁邊的人都圍了上去，極其關切的不知在詢問什麼？我好奇的上前探個究竟，原來他們正在求問起乩的女子，下一期六合彩的明牌，我抬頭凝望著隱在裊裊檀香之後的衆神，不禁迷惑起來了。

慢步踱回了老廟，在新廟對比下，老廟顯著格外的渺小而灰黯，供桌上的神像大多已遷請至新廟，屋內更像空了似的寂寥，我觸摸著斑駁的門牆，懷念起過去村民祈福禱唸那樸實虔敬的神情，抬起頭望著左右門兩旁懸掛的暮鼓晨鐘，靜默中彷彿訴說著無盡的感傷。踏出廟門，入眼的是廣場上那棵老榕樹，依然巨傘般濃蔭，只是枝椏上已佈滿了垂生的白色鬚根。像久別重逢的老朋友，我把面頰貼靠在粗狀的樹幹上，恍惚耳畔傳來一聲蒼老而深沈的歎息。

回程中習慣性的又轉進了大舅媽家，午后的陽光斜斜的漫過院子裡那幾株種在破盆子中的落地生根，又爬上了窗口。停了車，一眼便望見大舅媽獨自坐在窗前，低著頭神情專注地不知在畫什麼？我進了門輕喚她，她抬頭見了我高興的起身招呼並忙著打點茶水，每次總是這般的親切熱情，我望著她忙碌的身影，歲月雖早在她臉上、鬢髮留下了痕跡，但在我心目中，說話輕聲細語的大舅媽，永遠是美麗可敬的。她見我好奇的盯著桌上白紙看，有些不好意思的說：「閒著沒事做，亂畫的。」白紙旁放著幾封信，不識字的大舅媽正依著信上的簽名，「畫」起孩子們的名字來。我忍不住問她爲何不去跟表哥們同住？她卻說：「我若走了，誰來爲你大舅上香？」於是她堅持固守老家，固守這寂靜得感覺不出時間擺動的歲月。而那活在回憶與思念中的大舅媽，每回每回總令我久久不忍離去。

在家裡見到阿勇和父親正坐在店門前閒聊，我向他點了點頭，心情是坦然的，雖然仍不認同他的作爲，但經過了這麼多年，對於他和姑媽在附近開了家豆漿店，兩人辛勤愉快的賣早點；時間使人們遺忘了一些事，也習慣了一些事，但卻未曾使他們兩人的感情褪色。

黃昏時，我推著嬰兒車出去散步，不知不覺又往浪霞園的方向行去。經過了絲瓜棚，我住了腳，彷彿又見外婆隔著磚牆喚我，那被晚霞染紅的白髮在風中飄飛著——我抬頭望著滿棚的青翠依舊，一條條的絲瓜靜靜地垂掛著，然而外婆和二舅卻早已相繼離開了人世。夏日的田野，一輪圓大橙亮的落日，正懸掛在蔗園修長的葉梢間，有幾畦枯褐色的農田，因收割後尚未翻種，把附近已播上新秧苗的稻田，襯托得益加綠意盎然，生機蓬勃，水光映著霞紅的天色，眞是美麗極了。遠遠見到小溪前有塊田在風中浮漾著一片白，好奇的加快腳步，原來是塊荒蕪的農地，早已被遍生的狗尾草佔據了，附近也有一、兩畦雜草叢生的荒田。我走向溪旁，想著昔日輕唱明澈的溪流，眼前卻已污泥淤積，垃圾遍佈，敗草橫生，幸好再過去的嘉南大圳仍湍湍地流著，只是水閘不見了，圳水旁的土丘也被夷平，種了一排欒樹，對面原本是一片農田，今已被開闢爲工業區，一長列灰綠色的廠房，右方是幾棟白色的建築物。

我舉首眺望更遠處，綠蔭成拱的木麻黃早被砍除，空盪盪的村道上橫跨著南北高速公路，車輛如玩具般地來往穿梭。

我默立了一會兒，便推著嬰兒車踏上歸途，走在田間的柏油路上，晚風習習，落日已掉入了蔗園，天空堆疊著紫橙色的雲霞，一頁輝煌像翻到了盡頭般，竟美得蒼涼起來了。正在學步的小兒坐得有些不耐煩，開始掙扎著要站起來，我抱起了他，望了望那純淨無邪的小臉上，綻開了一朵喜悅的笑，又遠眺參雜在紅牆綠瓦間灰色的樓房建築物，想著十年、二十年之後，這片土地又將會是怎樣的景象呢？

暮色悄悄的漫灑了下來，晚霞仍依依眷戀著最後的美麗。幻化的人世，多變的時空，突然覺得堅持不變的情感，是多麼的可貴和可敬，像無所怨恨的大舅媽，像阿勇和姑媽，像……不管如何，每當陷入繁瑣的生活和心靈困境時，便渴望著要回來，像孩子奔向母親的懷抱，回到夢中這片稻浪翻金永恆的家園——

●卷三●懷念

我和我的童年相逢

重 提

重提（1921-2007）本名施卓人，浙江於潛人。抗戰時期投筆從戎。中央軍校十五期，華北神學院宗教教育研究所畢業。曾任中、小學教師、報社編輯、記者。曾擔任台北「福音報」編輯採訪長達二十五年。

著作有《雪泥集》、《愛的書簡》、《折不斷的蘆葦》、《一盆喜悅》、《生命的喜悅》等散文集。及小說《長夜》、《家有餘慶》、《塵露》等。

我和我的童年相逢

重提

小女兒陪高中同學逛石雕園回來，欣喜地說：「我看到一個新的白玉雕像，是小女孩低著頭捧書讀的樣子，使我想起媽媽總是追逐陽光讀書的童年，很想買來送給妳。」

「眞的嗎？哪一天陪我去看看。」我說。

「只要媽喜歡，女兒買給妳。」女兒學著電視廣告的語氣，我聽了，給她一個會心的微習。女兒又補充說：「我要爲妳買一份喜悅，我買得起。」

一週後的一個暖晴的下午，女兒眞的開車陪我和她老爹同赴石雕園。

王秀杞的石雕園，是我家的後鄰，我們共享一個空氣清芳的山居天空，但新安路一六八號王家和我家，相距有五分鐘車程，如果健康，步行一小時就到了，而我現在的體力，已不適於健行，仍喜歡坐在女兒車子裡，一路飽覽滿窗的藍天白雲。

今天來到這裡，卻不先到碧草如茵的庭院，只直奔陳列精品的接待室。身負經營、企畫的王壬癸先生聞聲相迎，充分顯示出「客來歡喜」、「喜歡來客」的眞情，並習慣性的煮茗款待。我和他寒喧了一句就去尋找那讀書的女孩。

她果然以十分自然又十分可愛的姿態，靜坐在一個軟墊上，垂首注視著那攤開在膝頭的書冊。漢白玉的身子透出晶瑩的微光，並溢發出一股清純脫俗的氣質。

——她會是我嗎？它是我童年的雕像嗎？我不敢如此自詡。

事實上，八十四歲的我，早已忘記自己的童年。多病、孱弱、孤單的童年，也實在沒有好玩或有趣的記憶。我只是記得，有一本書經常陪伴我寂寞的童年，我捧著書，常常追著母親的腳蹤，在燒柴的灶邊，或在洗衣的水井邊，向忙碌的媽媽求問一個字的讀音。

就這樣，我跟著媽媽學字讀書，直到我能閱讀家中的線裝閒書，我不再纏繞母親了，卻捧著書獨自追逐陽光讀書。陽光暗淡下去時，我就坐在門檻上看書，直到掌燈吃晚飯，才肯走進屋裡去。飯後，我不再拿著書本，而是到井邊打一桶涼涼的水，提進臥房去，用沾濕了的毛巾，去擦拭每一張臥床的蓆子。這就是我的夏天生活，常留在我的記憶之中——這個可愛的白玉雕像，眞是我的寫照嗎？不，我應該沒有如此可愛，但，喜歡看書，確是我和她的共同點。於是我從心裡產生喜愛她的情素。我不禁用手撫摸她，撫摸她的全身，直到她混圓的頭顱。

啊！我突然在她後頸部接觸到兩個細小的髮辮，我恍然大悟，那細小的辮子，不也是我童年所有的？她，果眞是我童年的象徵啊！我不禁滿心喜悅，眼眶濕潤。

我如夢初醒的徹悟：愛她一定要擁有她，見過她的存在，我就擁有無限的喜悅，這就夠了。

我無意向人說出我的感受，只是忍不住打斷他們談笑風生的話題，訥訥地問詢王壬癸先生：

「她曾拍過相片嗎？」

我的女兒等不及王先生回答，就迅速打開相機，把我和她——我的童年，合照了一張珍貴的照片。

洗碗洗出來的

張行知

張行知（1930-2008）筆名墨虹，湖南新化人。他一生，創作多元，包括長篇、中篇、短篇小說、也有小小說、散文和不一樣的武俠小說。尤其小說創作得過許多文學獎。中篇小說金獅獎、銀像獎；報導文學銀像獎。尤以《大陸作家短篇小說評選》一書，當年成爲「商務印書館」的暢銷書之一。他的長篇武俠小說《狐王》暢流雜誌連載時，並在「中廣」連續播出三個月。另一長篇武俠《了情歌》同時在大陸和台灣兩地出版。

著作有長、中、短篇小說十部，長篇武俠小說二部，及散文多部。

洗碗洗出來的

張行知

在吾鄉湘西，祖傳有句老話：「雷公不打吃飯人！」搶人飯碗，除了罪無可赦外，人人都說他是「窮兇惡極」。而我呢？卻有過搶人飯碗，千眞萬確的事實。

遠在民國三十六年夏天，我從南京返回故鄉湘西後，自己雖然只是個初中二年級的學生，但，在當時當地，已經是「高水準」了；何況，我已行走了萬里路，在中山陵謁見過孫中山先生，不甘心老死在窮鄉僻野。正巧，二舅父突然來信，囑我去他所服務的省立邵陽醫院，以求得一官半職。沒想到我到達後的第二天，被帶到大廚房，負責清洗員工和病患至少有三百多人的碗，當我正捲袖工作時，下嘴唇長得可以捲包著上嘴唇，四十多歲的楊嫂，寒冰著黑臉，像女巫凶巴巴地推了我一掌：「滾開，誰要你來洗碗的！」我顫顫抖抖地說：「是王辦事員帶我來廚房……」痘臉的王辦事員就站立在門口，轉身閃了進來，怒指著楊嫂說：「打從今天起，妳把洗碗的工作交了出來；敢說半個不字，明天再交出洗衣和倒痰盂的工作，就請回家去吧！」

「嗚、嗚、嗚……」楊嫂掩面哭泣著離開了廚房。

楊嫂前年喪夫，少一份工作，便少了一份收入，七個兒女得束緊褲帶，少吃一碗飯，以苟延生命。

是我，搶奪了楊家兒女的飯碗，讓他們食不果腹；半夜，我常做手握兇刀殺人的惡夢，好在我不要賺錢來奉養父母，薪水裝進袋子裏以後，趁月黑風高時，悄悄地送去楊家。楊嫂見了我便下唇捲包著上唇，兩隻惡魔眼瞪得比荔枝還大，我怯怯地把錢放在飯桌上說：「楊嫂，是我搶了妳的飯碗，我在這兒工作不會長久，父母也不要依靠我來孝養，洗碗的錢給妳吧！」

「不要，我不要不勞而獲的錢！」楊嫂把錢狠狠地扔在地上。

我把錢撿回桌上說：「那……我叫妳楊姨吧！我說楊姨……我不會洗碗，明天妳指導我，幫我來洗，妳要是不肯收下錢，我永遠都不叫妳楊姨了！」

「喲！」楊姨臉上綻開了笑紋說：「你的嘴巴還眞甜，還眞會講話啦！好，我把錢收下，不過……你全都給了我，沒有了零用錢，行嗎？」

「有！」我從口袋裏掏出來了兩塊銀元：「這是我爸給我來醫院的路費，沒有用完啦！」

一塊銀元可買五十斤米，是兩個月洗碗的薪水。

楊嫂看到銀元，眼睛閃閃發亮地說：「好吧！我收下你的錢，明天幫著你洗碗！」

洗碗是件苦差事，一日三餐，好幾百隻碗，餐後至少洗兩個小時。

楊嫂陪著我洗碗，黑臉上像春風輕盪著湖面，泛出一條條的笑紋。

醫院裏的王辦事員，看到有楊嫂替我幫忙，工作太輕鬆了，便派我兼院長的勤務兵，兼工不支薪；這可把楊嫂氣得吐血了，她說不應該欺侮我這個未成年的老實人；但，人在屋簷下，敢不低頭？沒想到勤務兵好處多多，院長室有從後門送進來的，大箱的麿牌煉乳，一包包每斤可值三斤豬肉的沙糖，還有酒和餅糕等，晚上，院長打道回府後，我吃喝不完，有時還偷兩罐煉乳、一包沙糖等送給楊嫂；還有，院長知道我不支薪，他每月賞給我的比洗碗的錢更多，足夠我零用了。

一天，我和楊嫂一塊兒洗碗時，她突然問我那兩塊銀元是否仍保存著，她想以國幣對換，我立刻掏給了她。

王辦事員的眼睛最銳利了，他做夢也沒想到新任的院長，不像前任比猶太人更吝嗇，後門送來的禮，自己親登帳，少了唯勤務兵是問。現在的院長勤務兵，錢不比他王辦事員少，而且每晚都吃喝不完，他一紙簽呈，在我頭上塗上了許多美麗的符號，像甚麼「聰明勤勞」、「寫一手好字」、「工作不忘讀書」等，請准調行政室文書員，以他的表弟接勤務兵。院長看完了簽呈，召見王辦事員說：「你簽呈上所說的是事實，就因爲他今年才十六歲，肯吃苦耐勞，肯上進，應該往高處爬，你既然要升他，好吧，准了！」

他的表弟接勤務兵後，不知怎的？現在院長比前任更吝嗇；院長室裏能吃的，全都加了鎖，登了帳，也沒有額外的酬勞。

我呢？在行政室擔任文書工作，除了仍兼洗碗，整天忙得團團轉，每天都要挨行政室主任和王辦事員的惡罵，我受盡了窩囊氣。

楊嫂說我不能和她比，她是個婦道人家，就只知道洗碗；我是個年輕人，而且讀了書，不能一輩子洗碗啊！我說何處是棲身的地方呢？她說天下好大、好大啊！男兒志在四方，她楊姨沒讀書，但她相信做事就像是洗碗，除了把碗洗得乾乾潔潔外，而且要小心翼翼地別把碗給砸破了。

正巧，四叔隨部隊從徐州移防漢口，來信囑速去叔侄相會。我離開醫院時，楊嫂把兩塊銀元塞進我的衣袋說：「父親給的錢，應該留做紀念；非萬不得已，不要動用它！」

「楊姨，我已收了妳的國幣……」

「楊姨收下你的國幣更多啦！還有……」楊姨流著淚說：「別忘了楊姨啊！」

返鄉探親時，找不到楊姨了；但，每天看到碗，就想到洗碗；想到洗碗就想到楊姨。

楊姨，我沒有忘記妳，更沒有忘記怎樣洗碗，妳在何方呢？

父子之間

戚宜君

戚宜君（1930-2009）河南宜陽人。政治作戰學校第二期新聞系畢業。一生從事文化工作。曾任報社編輯，記者，主編過雜誌。擔任過陸軍出版社副社長；軍中之聲廣播機構副總台長。寫作範圍極爲廣泛，包括詩、散文、小説、戲劇、雜文、報導、專論及傳記文學等。著作等身，普獲讚譽。尤其在哲學和心理學方面的著作更令人讚歎。曾獲國防部國軍文藝金像獎特別貢獻獎，中國文藝獎章、中興文藝獎。

著作有：傳記文學《齊白石外傳》、《張宗昌傳奇》等十六部；古典文學《讀史談詩》等十五部；散文雜文《人生痛苦與快樂》三書、《齊家瑣談》等三十五部。

父子之間

——卅年前看父教子，卅年後看子敬父。

戚宜君

傳統上，對一位父親而言，兒女童稚時期，好似小寵物，處處予人新鮮與驚奇；壯年時期是朋友，老年時期是靠山。

如此譬論並無貶抑或捧讚之意，試想兒子童稚時期無知無識，與小貓小狗幾無差別，經過一點一滴教之、導之、塑之、揑之，方才長大成人；經過教育的養成和社會的磨練，終於承擔起社會工作及家庭責任，父子之間有了相互溝通、鼓舞和規勸的情形，如此與知心朋友何異；當兒子事業有成，父親垂垂老矣時，兒子又是父親堅強的、穩當的、責無旁貸的靠山矣！

雖然代代相傳，理應如此，但是也有離經叛道，忤逆不孝的個案發生，傳統養兒防老的概念亦漸式微，甚至變成養兒「妨」老的蒼涼。然而究底剖析，自有其寵溺的過程與原因。

諺云：「從小看大，三歲至老。」意謂嬰兒時期就要予以導正及約束，三歲以前基本人格與中心思想就要大略養成；之後更進而細緻的強化，及至入學受教，目的是塑造其立身行事的能力，乃可成爲社會上有用的人才。

具體言之，父母要傳給子女的三項東西，一是自體，二是人格，三是學問，能夠如此，就是個稱職的長輩。

常言道：「不知其人視其友，不知其妻視其衣，不知其女視其母，不知其子視其父。」大意是說，不知道此人的品格如何，只要看其周邊的朋友，即可大致判定；欲知其妻是何等樣人，看其身著衣物是否整潔，大致就可想見矣！至於女兒似母，兒子像父，亦百試不爽。何以「女兒似母，兒子像父」呢？正本清源，有所謂「基因」的說法；更重要的是與以身作則及潛移默化，有絕對的關係。根據經驗法則，兒子宜由父親調教，女兒則由母親教養，大率如此，乃有正常發展。倘若反其道而行，常有怪異的現象產生——如女兒強悍奔放，不拘繩墨；兒子文弱慵懶，難抗壓力。怎樣栽種　就有怎樣的收成，天道如此，人事亦同。

俗云：「貧不過三代，富不過三代。」尤其權勢地位更迭得最快，所謂「文官不過兩代，武夫不過一代」！父親貧窮，兒女奮發有成而富足，孫子含著金湯匙出世，驕奢無度，又復貧窮矣！而且權勢地位有如過眼雲煙，文官勉強多傳一代，乃由於講仁義、修道德，有以致之！

歷代賢哲講求「耕讀傳家」，雖身居廟堂之上，仍心馳山林之中，而讀書一向是立身興家的不二法門。所謂「貧者因書而富，富者因書而貴」，未嘗不可再加上兩句：「貴者因書而盛，盛者因書而久。」講求耕讀傳家，也可作廣義解釋：「耕」是辛勤努之，「讀」乃處處留心學習，若能如此，乃可盛而不墜。

俗話常說：「卅年河東，卅年河西。」人事變幻無常，先前家宅在河流之西，卅年後由於河流改道，而變成家在河流之東了！黃河曾經多次改道，就是一個鮮明的例證。還有一句話說：「卅年前看父教子，卅年後看子敬父。」個人曾親身經歷，爲之感慨系之。

在職場工作時，間或有機會帶著兩兒出現，同儕及部屬們都說兩兒是：「處長的公子」或「老總的大公子和小公子」.，曾幾何時，兒輩已屆不惑之年，大兒是一家知名公司的副總，小兒則是中原大學的教授，我也早已從職場上退休，有幾次機會成了「戚副總的老太爺」或「戚教授的尊翁」，老邁「歸檔」的感覺能不油然而升乎！只是時間長流，景況迫人，又能怎樣？但見吾兒有成，身爲老爸，卻是與有榮焉矣！

松的聲華

王祿松

王祿松（1932-2004）海南島文昌人。政工幹校第三期本科班畢業。歷任輔導長、新聞官；《中央月刊》副總編輯。被譽爲「鐵血詩人」的王祿松，創作雖以詩爲主，然其散文及散文詩的創作，其質與量均可觀。散文《飛向海眉》、《讀月小品》、《化做蝴蝶》等六部，其散文充滿詩的想像，深具古典之美，這特色尤以《蘚苔小語》小品文最具，篇篇晶瑩如玉，可讀，可頌可入心。他一生詩文與繪畫得獎無數：國家文藝獎、中山文藝獎、國軍文藝金像獎與特別貢獻獎、國際藝術金鼎獎、中國文藝協會文藝獎章等。

松的聲華（外一章）

王祿松

我的名字，一疋綠。

披天風，染大野，縱身長空化做波濤奔走，聽聆者，必化做魚龍翻滾。

我的名字，百丈銅柱高擎著千頃綠濤，掃九霄月，刷雲間星，響成海的高音，聳著山的氣象，舒捲著風雷的大愛。

我的名字，飛走在天上人間。

文山行

攜經，佩劍，半生飛走江湖，且一直存心攀登一座絕高山峰。雖耗了數十年精神體力，但仍未爬到山腰。

一個夜裡，在雲遮煙埋的深林投宿，暗藪裡傳出一陣吟哦，起初聲息微甚，僅可辨是人語，漸吟漸趨宏亮，清如鐘，美如琴，韻如歌，其聲曰：「乾稱父，坤稱母……民吾同胞，物吾與也……」我聞罷，大為感動，其以天地為襟期，以日月為肝膽，共千彙於一堂，視萬物為至親，脈血同流之深情，愛心相推之摯忱，聖如日星，浩如海嶽，令我凝然神往。

這時，出現一位藹然老人，慈眉善目　我不禁俛首爲禮。他亦自我介紹，是宋代的張載前輩。啊！哲人，亙百代而猶存，赫然健在如斯，正是老子說的「沒而不亡者壽」。而他的教言，鏘如洪鐘，動撼雲峰，驅逐暗黑，播人文之光華，令我景仰無限。

非常意外地，就在這時，一群虎狼，躍然而至，直奔撲向哲人與我。我迅即推護哲人爬上高樹避難，自己拔出長劍，連揮帶砍一陣，隨即急速登樹。久久，待及虎狼退去之後，才發現哲人一條腿已被猛獸叼走了。

我急急背他下山就醫時，已然脫險。張載前輩看著我，說：「你衣裳上有顏料，想必是一個畫者，帶著經卷，又必是一個文士，但何以會帶著一柄長劍？」我敬謹回答說：「唐代畫聖吳道子，畫文聖孔子之像，腰間佩劍，寓武於文。又畫武聖關公之像，手挈經卷，寓文於武；儒生少學國術，及長醉於辭章，兼及繪作，亦喜聲樂，所愧皆一無所成。然而護道保哲之心，長生俱在也。」這時，旁邊響起一個聲音，說：「人虎狼之藪豈可無劍。盡信書不如無書，子其勉之。」我抬頭看去，不見人影，只見那聲音已化作一條彩虹，在陽光中飛走了。

得饒己處且饒己

沈　謙

沈謙（1947-2006）江蘇東台人，國立台灣師範大學文學博士。曾任：幼獅月刊主編，黎明文化公司總編輯；中興大學中文系主任、空中大學人文學系主任、玄奘大學中文系主任。曾主持華視「錦綉中華」及「中華文化之美」等節目。他個性溫和、熱心助人，是一位很不會說「不」的人。即使他往生，在告別式靈堂，教育部長的輓聯竟寫錯白字，大家交頭接耳議論之際，他還是什麼話也沒說。他是繼林語堂、梁實秋之後，深得幽默三昧之人。

他的著作深廣度兼具，有《期待批評時代的來臨》、《文心雕龍之文學理論與批評》、《獨步散文國》等十數部。

得饒己處且饒己

——四十歲的心情

沈　謙

少年是動物，生命是未知數，充滿著美麗的憧憬，無限嚮往，自由馳騁！
中年是植物，生命可望可即，有得有失，哀樂參半，不願疲於奔命，只有畫地自限！
老年是礦物，生命已捏在手中，定了型，或成了精，不得不認命！

傅東華有一段名言：

「古典主義是低眉的菩薩，浪漫主義是怒目的金剛！」

哀樂中年，浪漫之中有節制，古典之中有活力。少年時洋溢著理想與熱情，擇善固執。中年後才知道，美其名曰理想，其實可能是幻想；美其名曰熱情，其實或許是濫情！更何況，你所擇之善，換個角度，不見得是唯一的善！更重要的是在理想與現實之間，如何調整平衡：媚世阿俗，固非所願；好高騖遠，亦屬徒然！動物當然是活蹦亂跳，植物卻有固定的範疇！

人到中年，成家立業，是生命中發光發熱的時候，但也正因爲發光發熱，往往是過度燃燒！年輕的時候，盼望才學能力金錢地位，最起碼想要自己能做主，但有錢之後煩惱接踵而來，學位的方帽子壓力沉重，有了某項職位則權與責常相左右！無論在家裡、學校、社會上，一旦當家做主，也就戴上了枷！

人到中年，當然比少不更事時要來得人情練達，世事洞明，但有多少人情是壓抑自己，委曲求全；多少世事是左右爲難，動輒得咎。這才明白，原來世人嚮往陶淵明者無他，「素心人」而已，還是難得糊塗爲妙！

人到中年，比較能開竅，人都是情緒化的動物，喻之以理，不如動之以情。「俱懷逸興壯思飛，欲上青天攬明月！」眞是何必而又何苦？佛在我心，明月就在自己手中。有時候感覺生命無限美妙，生活中有永遠發掘不完的樂趣；有時候感覺生命無限痛苦，生活中有永遠驅除不盡的煩惱，其實，美妙與痛苦，樂趣與煩惱，常繫於我們自己心中的一念之間。〈以人爲可厭，而己亦可厭矣〉；〈以人爲可愛，而己亦可愛矣〉。我見青山多嫵媚，料青山見我應如是。

年齡增長　人往往會越來越慈悲爲懷，得饒人處且饒人。想起包可華的名言：「有些人永遠不會快樂，除非他看到別人無辜受罪！」同情你的敵人，總比憤怒怨恨舒服些。何必苦練「七傷拳」，在傷人之前先傷己！

當別人對我們有意見時，如果你認爲是善意，不但可以化干戈爲玉帛，更可以擷取啓示與警省，得到助力與友誼；如果你認爲是惡意，不但善意常轉爲惡意，更可能遭致煩惱與怨尤，徒增阻力與敵意。

當然，最重要的是「得饒己處且饒己」。年輕時什麼都想，中年之後必須學習割捨，要懂得拒絕。凡性情中人，當然有情有義，但必須說「不」的時候，千萬別不好意思。既不勉強別人，也不要勉強自己，應該對自己說「不」的時候，切勿猶疑！少年讀書，可以剋日計功，八個月內圈點完史記、漢書、後漢書、三國志；中年讀書，才體會到莊子所謂「生也涯，知也無涯，以有涯逐無涯，殆矣！」和孔子的「遊於藝」，懂得弄木刻版的線裝《杜詩鏡銓》來玩！以富貴驕人固然可惡，以學問驕人尤其可厭！何必拿學問來折磨別人，折磨自己！

少年時勇猛桀驁，頭角崢嶸，追求突破、超越、創造，中年才知道打破一個繭，往往鑽入另一個更密的繭，才認清薪火相傳之道，想做偉大的作家，總不如做一個可愛的讀者更快樂，更能享受多采多姿的美感經驗！其實，無論做大事也罷，做大官也好，做小螺絲釘也好，最基本的是調整角色，盡職安分，達觀隨緣，生命得到舒暢。事事豈能盡如人意，但求當下心安！

少年氣盛，易患氣球症，自我膨脹，中年才知道虛妄之無聊，氣球無限止的膨脹，總有一天會爆的。靠別人的肯定，總不如自得可貴，隨遇而安，無入而不自得。少年時常嘆想做事難以如願；中年才知道，其實，最幸福的是可以少做一些事，專注於分內所當爲，有所不爲才能有所爲，甚至有時候可以什麼都不做才能優游自得。「酒飲半酣正好，花開半時偏妍」，缺陷也是一種美，過程就應該值回票價，中年最容易在嚮往中自我迷失！

少年常有排拒性，聽不進老生常談，中年才知道人生最可貴的偏偏就是「身體健康，精神愉快，家庭和諧」這種俗不可耐的老生常談！小兒得餅之樂的純眞最堪回味！

當然，達觀隨緣，安分盡職，仍然是活水長流，植物雖畫地自限，仍在成長，甚至礦物也自有曖曖內含光的光芒，哀樂中年在薪火相傳之中，仍有生生不息的精氣神！

思想起

王令嫻

王令嫻（1932～2010）江西南昌人，民國 50 年開始寫作。曾任職國語日報寫作班小學中年級老師。早年作品大多發表於皇冠雜誌。

著作有：《他不在家真好》等。

思想起

王令嫻

入冬以來，今天算最冷吧，攝氏十度。

興沖沖的赴阿惠的約，門鈴一按，叮咚叮咚，那厚重鐵門裡的木門，「得」的一下開了，鐵門也跟著開了，阿惠的笑臉，沒有木感，沒有鐵味兒，融融、暖暖的一團，嬌聲的說：「快進來呀，就等你一個呢！」

踏在棗紅柔軟的地毯上，聽圍攏來的老同學七嘴八舌的嚷著：「瞧你，說十一點到，你就拖到十二點，該罰你請看電影了吧！」我連聲說：「沒問題，遵命，小的先向您賠罪了！」這個「您」字，我又說成了「鈴」，惹來了說京片子的鈴鈴鈴的學樣，已學了好幾十年啦，我也不在乎。一陣暖流，從腳尖直往上冒，身上原有的寒意立刻趕跑了。坐在意大利進口皮製的灰黑寬敞的沙發上，我脫下外套，阿惠接過去了。一杯冒煙的包種清茶送到我手中，暗忖：「還是遲到的好，享有被人伺候的安逸；來早了，不是也得伺候人嗎！但不能把它說出口，否則「老」拳紛紛的往我身上落，都是坐五望六的我們，你說那「拳」怎能不老！不老的是我們的聲音和個性。

少女時代就吱吱喳喳的歡笑在一起，吵鬧成一團，學習在一塊兒，爭成績個個不落人後，畢業後，曾經東西南北的分散各地，各找各的愛，各築各的窩，各懷各的胎，各尋各的路，到頭來風旋路轉的又碰在一塊兒啦！人生的坎坷、挫折、失敗、沮喪……好像都被這結實的腸胃所消化，隨歲月一同流逝。

想到消化，就感到眞餓了；站起身，幫忙擺碗筷。五顏六色的菜餚一會兒就擺滿一桌。阿惠得意的說：「六菜一湯，從清洗到完成，一個多小時就好了，這是托微波爐的福，省下許多時間跟你們窮嗑牙啊！」她已經開始嗑牙了，指指點點的說這道菜降血壓，那道菜沒膽固醇，還有含維他命E的，含鈣的，都是我們該吸收的養分。每人面前，只有小半碗飯，說這些含澱粉的少吃，免得發胖。什麼時候阿惠變成了營養專家——讓我們吃得這麼講究！還在感嘆著呢：「年輕時想吃，吃不起，沒有得吃；年紀大了，吃的起，有得吃，卻又不能吃了，眞像跟我們開玩笑。」眞的咯咯咯笑起來，笑聲佐著佳餚下肚，很快的，一盤盤的空了，都愛形容那是秋風掃落葉。「葉」落胃裡，挺滿足的。

從餐桌轉移陣地，各人手裡捧了一杯噴香的摩卡咖啡，沿長形茶几坐下，圍成U形，半個身子都埋在椅裡了。阿惠喜孜孜的拿了一個方形大紙盒，在我們面前晃著，要大家猜猜看，裡面是什麼東西，還賣關子說：這東西嘛，看起來，滿心歡喜，回味無窮；摸起來，薄薄的，滑滑的，好像不值錢，卻是無價之寶！這一夥人，動嘴習慣了，就懶得動腦，瞎猜翡翠、玉片一、兩樣後，就爭著去打開紙盒，哇！原來是滿滿一盒新、舊相片，來臺四十年的生活照片都藏在裡面了。好一個回味無窮！搶著看。

我搶到了自己一張三寸的黑白照，是我蹲在水泥地廚房的一角生煤球，那副狼狽樣不形容也罷。相片背後有兩行細小的字：

阿惠：我忙著生火，他忙著照相，試試新買的相機功能如何。你說這公平嗎！送你一張，一旦吵架，它也算證據，看你幫不幫我罵！

51年4月

這不禁使我思想起……

那時新婚不久，要請這一夥吃得下一條牛的同學吃餐飯，可眞不容易。清早起床，就得張羅一切了，第一件事生煤球。那是件苦差事，眼看事先劈好的一把把薄木柴棒快燒完了，只換來滿屋瀰漫的黑煙，燻得熱淚直滾；驚動了左鄰的黃太太，驚慌失措的，還以爲房子失火了。急忙捧手幫忙，邊怨邊做邊說：「人要實心，火要空心，你媽沒教你！」經她粗手持火鉗，幾撥幾搧的，紅紅的火苗活潑潑的跳躍了，煤球慢慢的著了。然後，打開冰櫃，在枕頭大的冰磚上，凍著昨天買好的魚、肉，拿出來解凍、烹調，足足折騰五、六個小時後，才能飽餐一頓。

現代的年輕夫妻有福了，不必再受這種折騰！

「喂，快瞧這張相，我們五個人像中國小姐似的，去參加阿惠的婚禮！」

可不是！那時參加喜宴，髮型都是梳得高高的，頭髮油亮亮的，好像每人頭上頂了一個黑漆漆的鳥窩。最好的服裝就是一襲緊身的旗袍，把身上每一處或高或低的曲線都洩露出來。

腳穿一雙粗跟的高跟鞋，走起路來得得得的好響、好神氣、好美味兒。洋裝、套裝，都是上班或居家的服裝。可是，抽出的另一張相片，已變成了彩色，人物雖然依舊，遠距離攝影，也像青春仍在，服裝卻大異其趣了；著東洋裝、西洋裝，甚至東一片西一塊的掛在身上學時髦，旗袍已改良成寬鬆、瀟脫型了，穿的人很少。是服裝洋化後的自然現象吧！現在又刮起了歐風，還不知道多少花樣在後面。不過，在娶媳婦、嫁女兒的「升級」宴會中，仍正經八百的穿上華麗、高雅的改良旗袍迎佳賓，總算沒有忘本。

年輕一代的新娘，早已拋棄了當年母親做新娘穿的繡龍、繡鳳的中式晚禮服，都流行穿西式的露肩、露背、還不敢露胸的晚禮服，好像逮住了機會能在衆佳賓面前「涼快涼快」是件多麼快樂的事。做父母的在這大喜的日子，也不得不隨女兒（或媳婦）的快樂而快樂。嫁妝往往除了叮叮噹噹掛的、戴的外，還有一輛嶄新的轎（嬌）車，供一對新人行的方便，當然顧不得實況的塞車和停車的不便了。

思想起我的嫁妝是一輛腳踏車，自己分期付款買的。上班時兩人卿卿我我的共騎一輛，毫無顧忌的，風雨無阻的奔馳在服務機關和家之間，度過蜜月時期。後來嫌我重了，再買一台，兩車並行，彼此都感到自由多了、舒服多了，雖行車時說話不方便，擠眉弄眼卻無礙。偶而心血來潮來一次賽車，算是上班前的熱身運動。等到一人車上加一附件——小孩後，就沒法任意奔馳了，車頭坐著「寶」，就不得不保了。幾年一過，大寶二寶興致勃勃的學會了騎車，於是假日最好的去處，是家附近的臺大校園，高矮四輛腳踏車悠遊自在的穿梭在椰林大道、荷花池畔的小徑，以及校園的每一個角落。孩子跟椰樹比高，沒公德心的在樹身畫著高度不同的槓。直到有一天，二寶考上了臺大，還失望的說：「臺大都玩膩了。」

「各位阿姨好，」清脆的一聲招呼，我抬頭看見阿惠漂亮的媳婦微微，懷裡抱著一歲多的小乖，穿一套翠綠的毛衣褲，外罩一件鮮黃的荷葉寬邊背心裙，像從畫片裡飛出來的天使，微微慫恿著小乖叫姨婆，那粉紅的小嘴蠕動半天才蹦出一個「波」，我欣喜的在嫩頰上一親，「小乖眞乖，小衣裙好美，是你做的吧？」

「我那兒會做！」臉上飛過一抹紅，「是隔壁成衣店買的，兩佰一件，好便宜啊。」

我們年輕時卻沒有這個便宜好揀。當孩子接二連三的出世，童裝業還不發達，自己上班又沒時間學洋裁，但是會踏縫衣機，當年讀初中，爲前方將士製寒衣學會的。於是收集舊雜誌上童裝式樣，照著畫樣，七拼八湊的，也做成了入時的衣裙。六十年左右，收到從國外寄來的自製成人衣裙紙樣，更是高興極了，立刻買布，把紙樣舖在布上，依自己的尺寸比照紙樣，放大或縮小，再剪裁，再嗒嗒嗒的勁頭十足的踏著縫衣機，連夜趕製成。第二天上班，新衣穿上身，神氣得很，自己做的！織毛衣更是盛行，四根針，一團毛線，是上班時皮包裡不可缺的，凡是等車、坐車、中午閒聊、晚上聽收音機的小說選播，都是織毛衣的最佳時刻。眞正做到了分秒必爭，絲毫不浪費時間的地步。

「唷！快看我這張克難新娘照得好美！」

幾個頭又擠在一塊搶看同一張。藹雲和她的另一半笑瞇了眼，比高矮似的站在新房拍的，背景是一片粉刷後雪白的牆壁上一個特大的、醒目的紅雙喜字。室內陳設的木床、書桌、衣櫃，都是我們這夥兒出錢出力幾乎跑斷腿買來的。「又要馬兒好，又要馬兒不吃草」，這購物的大原則眞夠苛了，只因那是「克難時期」。那陣子「克難」是個流行的可愛的形容詞，我們都跟著流行，樂於「克難」，凡是個人能力沒法買到的東西，都由八個或十個結成一組的同學，在發薪水的當天，每人出三十或四十元，然後抽籤看誰得標，錢就歸誰，她就可買克難外套、克難皮鞋……。若有誰已找到了心上人，嫁給他後，自然而然的稱她爲「克難新娘」。直到每人都輪流得到了這筆錢，就告結束。以後又懂得了出利息的標會辦法，覺得它更合理，經常採用。就是這樣，突破了經濟上的種種困境。我們在卅八年隨學校到臺灣，沒有任何親人可依靠，這夥難姐難妹，就這樣互助、依靠，由同學變成了一輩子的手足。

「克難房子」也是這樣買成的；除了服務的機關可以急難借支、分期付款還債外，這一夥也是最有力的支柱，誰有錢就借誰，有還就還，沒還算了（從來沒有人做到「算了」，只是早還遲還而已）。再做會首，標會。「每逢佳節倍思親」，頭些年會在半夜裡把頭埋進被窩裡，哭得唏哩呼嚕的，一年年過去，知道「倍思親」，也枉然，自動代那些回家過佳節的同事値班，大夜班、小夜班，過得不知晝夜，惟有領到的加班費，還能慰我心，圓我「克難房子」的夢。想法兼差、出差；爭取加班、代班，如此這般的經過十多年的慘澹經營，總算有一棟完全屬於自己的房子。雖然後來這棟房子違背自己意願的，不得不變成門外加鐵門，窗加鐵窗，十分「牢」的模樣，才能使人感到住得安心，睡得無憂，夢得香甜。

因此，吹起了舉家移民國外的旋風，好心的左鄰右舍告訴我：「現在流行投資移民了，美國要五十萬美金，既貴又不容易批准，不如去加拿大容易些，只要三十萬加幣，擁有二、三棟房子的人就夠格申請了。你看巷口雜貨店，前幾天還在窗上貼紅紙：『出國急售』，現在已經賣掉了，聽說全家移民澳洲，那裡投資更便宜。這臺灣不能呆了呀，你看立法院兩黨吵得天翻地覆，現在又是安非他命氾濫成災，我看你還是早點作打算吧。」也許該向他們說聲謝謝，但我卻說：「對自己的國家，失去信心的人，又怎能對陌生的異國產生信心？」他的表情寫在臉上：「不識好歹！」

今日我已生根在臺灣，經濟能起飛，人們能富裕，社會能繁榮，都令我這小老百姓感到欣喜，而盜賊起，暴力猖獗，也是跟著產生的附屬品，不也因此醞釀出鐵中錚錚，青年才俊？他們能努力不懈，前仆後繼爲如何剷除這些敗類而努力，我們能不爲他們鼓掌嗎！天下事都有得必有所失的進行著。時代潮流不是誰能擋得住的，只有向前，沒法退後。驚濤駭浪，捲上岸的那能都是可口的魚蝦！

我既愛過去勤儉、樸素、互助、單調，易滿足的生活，也愛今日的繁榮、富裕、營利、華麗，肯冒險，敢抗議，敢說敢做敢擔當的種種行爲。選擇那種爲最愛，不都是個人的自由嗎！總不能因噎廢食！

翻看這一盒過去的、舊的，現在的、新的生活相片，不禁思想起走過的這一段長路，以及面對還在走的路，怎停止得了腦中沸騰的思潮！說出口的，已成爲吱吱喳喳的噪音，說不出口的，卻似喃喃的夢囈。我們這一夥兒，總在心血來潮的時刻，經過無數次電話不停的追蹤，邀約在一塊兒，嘻哈也罷，唏噓也罷，都得到了紓解。只要能聚在一起，怎樣都好。

我穿上了厚外套，揮別了阿惠，她懷中的小乖向我揮著胖手，一張一合的玩著，又在奶奶的催促中，口裡滾出一個「波」，好像往我心窩投進一枚小太陽，好暖，那怕零下十度，我也不會感覺冷啦。

國家圖書館出版品預行編目資料

不大不小戰爭 / 林錫嘉主編. -- 初版. -- 臺北
市：文史哲, 民 100.05
頁； 公分. --（文學叢刊；250）
ISBN 978-957-549-967.9 (平裝)

1.

855 100008138

文學叢刊 250

不大不小戰爭

主編者：林錫嘉
出版者：文史哲出版社
http://www.lapen.com.tw
登記證字號：行政院新聞局版臺業字五三三七號
發行人：彭正雄
發行所：文史哲出版社
印刷者：文史哲出版社
臺北市羅斯福路一段七十二巷四號
郵政劃撥帳號：一六一八〇一七五
電話886-2-23511028 · 傳真886-2-23965656

實價新臺幣三五〇元

中華民國一百年（2011）五月初版

ISBN 978-957-549-967-9 08250